KB214961

여호야김 왕의 면도칼
우리 시대의 성경 해석과 욕망의 문제

박남훈 지음

문득 7년 전 교회 개척 초기 시절이 떠오른다. 개척을 시작하고 먹먹한 마음으로 강단에 엎드려 기도하고 있던 어느 날 새벽, 앞으로 내가 책도 써야 한다는 뜻밖의 감동을 받고서, 나는 무척이나 착잡한 기분이 되고 말았다. 아니, 지금 이 마당에 책이라니요. 막막하고 부담스러운 개척을 시작한 이 시점에 웬 책이라니요. 나는 왠지 분하고 억울한 마음에 속으로 이렇게 울부짖으며 그 감동을 의식적으로 외면해버렸다. 그런데… 다음 날도, 그 다음 날도, 그 감동은 멈추지 않았고, 나는 결국 그 감동을 나의 사명 중의 한 목록으로 일단 접수하는, 최소한의 순종을 하지 않을 수 없었다. 그러나 그 이후 몇 년 동안 나는 집필은 커녕, 책 쓸 엄두조차 내지 못한 채, 개척 목회의 격랑 속에서 허우적거리고 있었다. 그러나 책을 써야 한다는 감동은 여전히 나를 강력하게 사로잡고 있었고, 그래서… 어느 날부터인가, 나는 마지 못해 글을 끄적거리기 시작했다. 그리고 한 권 분량의 원고를 완성했다. 그러나 참담한 실패였다. 신학과 성경, 문화이론, 그리고 문학을 섞어놓은 그 원고는 방향도 중심도 없는, 어정쩡한 잡탕에 불과했다. 나는 다시 속으로 글로부터의 은퇴(?)를 선언했다. 그리고 더욱 거세지는 개척 목회의 풍랑 속에 온몸을 맡기고 살았다. 책을 써야 한다는 감동은 여전히 강렬하게 나를 사로잡고 있었지만, 나도 이번만큼은 만만치 않게 버티고 있었다. 한번 실패했으면 됐잖아요. 지금까지 살아오면서 제가 저질러놓은 저 무수한 실패의 목록들에다 한 가지 항목을 추가했으면 됐지, 굳이 하나를 더 보태야, 속이 시원하시겠습니까? 나는 끝까지 버틸 요량으로, 이런 걸 기도라고 부르짖고 있었다. 그러나 나는 그 감동을 견딜 수 없었고, 다시 글쓰기를 시작했다.

내가 감동받은 글쓰기의 주제는 한국교회 세속화 극복의 문제였다. 이 책에서 나는 성경해석과 욕망의 문제를 결부시켜 한국교회 세속화의 한 단면을 다루고자 했다. 존 맥아더 목사가 말했듯이 교회 세속화 극복은 진리를 위한 싸움혹은 대화을 통해 이루어져야 한다고 나는 생각한다. 세속화 문제에 대한 논의가 추상적으로 흘러가는 것을 막기 위해, 이 책에서 나는 가급적 구체적인 사례들을 다루려고 노력했다. 예를 들면, 성경을 해석할 때 문맥을 고려해야 한다는 일반론적 주장만으로는 아무런 설득력을 가질 수 없다. 문맥을 무시한 성경해석이 가져오는 문제는 구체적인 분석을 통해서만 선명하게 나타난다. 평소 존경하는 조용기 목사님의 글들을 이 책에서 주요 분석 대상으로 삼게 된 것은 바로 이러한 이유 때문이었음을 밝힌다.

정재항 집사님과 정경화 집사님의 후원과 기도가 없었다면 지금까지 개척 목회를 버텨오는 일 자체가 불가능했을지 모른다. 이 자리를 빌어 깊이 감사를 드린다. 늘 기도해주시고 도와주신 허경임 권사님께도 감사를 드린다. 항암 치료를 잘 견디고 회복되시기를 기도한다. 늘 부족한 자를 위해 간절히 기도해주시는 박영숙 권사님과 김옥순 권사님께 머리 숙여 감사를 올린다. 힘들고 어려운 작은교회를 묵묵히 지켜주시는 교우들에게 감사하고 고마운 마음을 전한다. 가족을 생각할 때마다 나는 갑자기 가슴이 멍해지고 머릿속이 하얗게 된다. 쥐뿔도 없는 주제에 큰소리만 치면서 피해와 상처만 줬다는 죄책감에서 나는 영원히 자유로울 수 없는 죄인이다. 죄인 중에서도 괴수다. 미안한 마음과 사랑을 전한다.

차례

내가 〈연가시〉라는 영화에 끌렸던 이유는,
이 영화가 인간의 욕망의 문제를 매우 강력하게 제시하고
전달하는 힘을 갖고 있다는 점 때문이었다.
먹어도 먹어도 가셔지지 않는 허기,
그리고 마셔도 마셔도 해소되지 않는 갈증은
바로 '욕망'의 본연의 얼굴이 아닌가.

.
.
.

영화 〈연가시〉 이야기,
그리고 한국교회

*

2012년 상영되었던 〈연가시〉라는 제목의 영화를 본 적이 있다. '한국 최초의 감염재난영화'라는 제작사 홍보 문구처럼, 변종 기생충 '연가시'로 인해 일어나는 국가적인 재난을 극화한 영화였다. 어느 여름날 연가시의 유충들이 피서철 물놀이를 즐기던 사람들의 몸속으로 침투한다. 그 유충들이 사람들 몸속에서 점점 자라게 되면서, 연가시의 숙주가 된 사람들은 음식물을 점점 더 많이 먹게 된다. 나중에는 밥솥 채 밥을 퍼먹어도 주린 배를 채울 수 없다. 연가시들이 숙주인 사람들의 위벽에 달라붙어서 영양분을 다 뺏어가기 때문이다. 그래서 사람들은 먹고 또 먹고, 마시고 또 마시지만 오히려 몸은 점점 야위어 가고, 급기야는 미이라처럼 흉악한 몰골로 변하게 된다. 그러다가 산란기가 되면서 연가시들은 사람들 몸속에서 신경조절물질을 분비한다. 이 물질은 숙주인 사람의 뇌를 조종하여 스스로 물에 뛰어들어 죽게 만드는 충동을 일으킨다. 그리하여 사람들은 물만 보면 강이든 바다든 대형 수족관이든, 물속으로 뛰어들기 시작하고……, 수천 명, 수만 명, 수십만 명의 사람들이 죽어가게 된다는 이야기가 이 영화의 주된 줄거리이다.

이 영화를 본 직후 나는 나 자신이 다소 흥분하고 있다는 사실을 감지하고 있었다. 이 흥분된 감정은 이 영화의 재난 상황이 빚어내는 극적 긴장에서 비롯된 것만은 분명히 아니었다. 현실에서 얼마든지 일어날 수 있는 개연성을 갖고 있는 서사구조에다가, 스릴도 있고, 공포와 전율을 만끽하게 한다는 점에서, 재난영화 장르를 좋아하고 즐기는 매니아들도 적지 않겠지만, 나는 체질상 재난영화를 별로 좋아하지 않는다. 재난영화에 대해 내가 갖고 있는 관점은 퍽이나 무식하고 소박하다. 무식하면 용감하다고, 나는 재난영화에 대해 이렇게 말하곤 했다. 현실을 편하게 사는 사람은 재난영화를 보면서 카타르시스나 재미를 느낄 수 있을지 몰라도, 현실을 재난처럼(?) 힘들게 살아가고 있는 사람에게 재난영화는 오히려 스트레스의 대상이 아니겠는가, 라고. 그러니 그런 내가 이 영화의 재난 상황이 야기하는 극적 긴장에 쉽게 몰입되었을 리가 만무하지 않겠는가. 그렇다면 이 영화를 보고난 후 나를 휩싸던 흥분감은 도대체 어디에서 온 것이었을까. 내가 이 자문에 대한 대답의 실마리를 찾기 시작한 것은 적지 않는 시간이 지난 후였다.

내가 〈연가시〉라는 영화에 끌렸던 이유는, 이 영화가 인간의 욕망의 문제를 매우 강력하게 제시하고 전달하는 힘을 갖고 있다는 점 때문이었다. 먹어도 먹어도 가셔지지 않는 허기, 그리고 마셔도 마셔도 해소되지 않는 갈증은 바로 '욕망'의 본연의 얼굴이 아닌가. 들어가는 입구는 있지만 그 밑바닥은 존재하지 않는 거대한 심연의 항아리로 비유되는 '욕망'의 본질과 양상을, 이 영화는 너무나 선명하게 형상화하고 있었던 것이다. 좀 더 풍유적으로 말하자면, 이 영화는 현대 사회가 만들어내는 '욕망들'에 지배되고 끌려다니다가 결국 파멸을 맞게 되는 현대인의 비극을, 영화 장르 특유의 구체적이고 생생한 그림과 박진감 있는 서사구조로 제시하고 있는 작품이었다. 내가 이 영화를 보고 흥분하게 된 1차적인 이유는 바로 이런 점들 때문이었으리라.

방금 굳이 '1차적인 이유'라고 표현한 건 '그때 그' 나의 흥분감에는 뭔가 또 다른 이유가 있었다는 얘긴데, 그것은 나의 글쓰기와 관련된 것이었다. 사실 나는 몇 년 전부터 한국교회의 세속화 문제를, 현대의 '욕망'의 문제와 관련시켜 논의하는 글쓰기를 늘 머릿속에 그리고 있었다. 그러나 문화론적 맥락과 교회론적 맥락에서, 욕망의 문제를 세속화 문제와 연결시켜서 논의하는 작업은, 생각만큼 그렇게 만만한 작업이 아니었다. 어렵게 써나가기는 쉬워 보였지만, 쉽게 풀어나가기는 길이 잘 보이지 않았다. 성경신학, 교회론, 한국교회 세속화 문제, 포스트모더니즘, 욕망이론, 소비사회……, 등등의 개념들이 서로 얽히고설켜서 너무 혼란스러웠다. 그런데 그랬던 내가 현대인의 욕망의 문제를 피부감각적으로 구체적으로 생생하게 제시하고 있는 영화 〈연가시〉를 보게 되면서, 그동안 얽혔던 실타래가 한번에 풀릴지도 모른다는 느낌을 갖게 된 것이었다. 어쩌면 이 한 편의 영화 덕분에, 그동안 정체 상태에 있던 글쓰기 작업, 쉽게 풀어나가는 길이 잘 보이지 않아서 거의 포기 단계에 이르렀던 작업을, 다시 시작할 수 있을지도 모른다는 생각으로, 나는 나 자신도 처음에는 그 영문을 알 수 없었던 이상한 흥분감에 휩싸였던 것이다.

그러나 나의 글쓰기 작업은 쉽게 시작되지 못했다. 개척교회를 목회하고 있는 목사로서, 언제 끝날지도 모르는 글쓰기 작업에 시간을 투자한다는 건 무척이나 부담스러운 일이었다. 목회 사역을 감당하기에도 빠듯하고 모자라는 생활 속에서, 글쓰기라는 무거운 노동을 또 하나 추가한다는 것은, 사실 생명을 깎는 결단을 요구하는 일이었다. 거기다가 신학을 한 이후로, 이전에 어쭙잖게 문학평론을 한답시며 끄적거리던 글쓰기를 손에 놓은 지가 너무 오래되었다는 사실도 내

한쪽 발목을 잡고 있었다. 개척 목회 동역자인 사모도 나의 이런 고민을 눈치챘는지, 이번 기회에 아예 글쓰기를 포기하고, 전적으로 목회에만 전념하기를 바라는 무언의 메시지를 여러 경로를 통해 보내고 있었다.

이쯤 되니 기도 외에는 달리 방법이 없었다. 새벽마다 하나님의 뜻을 알게 해달라는 기도를 매일 올렸다. 내 생각은 다 내려놓았다. 글을 안 쓰게 해주시면 그것도 너무나 감사한 일이요, 쓰게 해주시면 그것도 감읍할 일이었다. 가부간에 하나님의 뜻을 분별할 수 있게 해달라고 계속 기도했다. 이렇게 하루하루를 보내던 어느 날, 나는 장거리 운전을 하면서, 분당우리교회에서 보내준 설교 시디를 듣고 있었다. 그런데 두 번째 시디에선가 이찬수 목사님은 내 귀가 번쩍 뜨이는 얘기를 하고 있었다.

> 어느 날 어떤 분을 만났는데 저에게 영화 〈연가시〉를 보았느냐고 물었습니다. 그 영화에서 인물들은 먹어도 먹어도 채워지지 않는 허기와 마셔도 마셔도 채워지지 않는 갈증으로 고통을 받다가 결국 강으로, 바다로 뛰어들어 집단적으로 죽음을 당하고 있었습니다. 그런데 저와 대화하던 그분이 갑자기 제가 이렇게 말했습니다. 지금 한국교회가 '연가시'에 감염이 되어 있다고 말입니다. 섬뜩한 이야기였습니다. 성도들이 끊임없는 탐욕의 자리로 달려가고 있고, 끊임없이 성공을 위한 갈증으로 목말라하고 있는 상황이, 이 모든 것이 다 영적 '연가시' 때문이라고 그분은 말하고 있었습니다. 저는 그 말에 동의하기 싫었지만 동의할 수밖에 없었습니다.
>
> 여러분, 지금 밥 못 먹어서 애쓰시는 분이 몇 분이나 계십니까? 다들 돈, 돈, 돈, 하며 돈에 목말라 하는 것, 생활에 결핍이 있어서가 아니고 주로 영적 '연가시' 때문이 아니냐는 겁니다.
>
> 여러분, 그런데 그날 그분과 그런 얘기를 나누고 나서부터 저에게 이상한 습관이 생겼습니다. 교회 행사들을 추진하고, 목회를 하다가 문득 자신에게 되묻는 습관이 생긴 겁니다. 나는 지금 이 행사를 하나님이 기뻐하시는 일이기 때

문에 하고 있는가, 하나님의 뜻이라서 하고 있는가? 아니면 혹시 내 안에 있는 영적 '연가시'가 나를 조종해서 내가 허기를 느끼고 갈증을 느끼기 때문에 이 일을 하고 있는 것 아닌가? 이렇게 자신을 되돌아보는 계기가 되더라는 것입니다…….

　여러분, 뭘 해도 만족이 안 되고 뭐를 해도 불평을 하는 신자들이 많습니다. 잘해줄수록 불평이 많은 것이 바로 우리 자신입니다. 하나님께서 잘해주면 잘해줄수록 오히려 내가 불평하는 것은 내 안에 영적 '연가시'가 들어있기 때문입니다. 내 안에서 영적 '연가시'가 나를 조종하고 내 삶의 모든 부분이 그것에 영향을 받기 때문입니다…….

　나는 설교를 들으면서 계속 내 귀를 의심하고 있었다. 영화 〈연가시〉를 보고나서 내가 쭉 생각해왔던 것들과 거의 똑같은 관점으로 이 목사님이 설교하고 있었기 때문이었다. "지금 한국교회가 〈연가시〉에 감염되어 있다"는 단도직입적인 알레고리적 전제라든지, 성공주의와 물질주의가 한국교회 안에 팽배해진 것이 "다 '영적 연가시' 때문"이라는 전제는, 시원하다 못해 통렬하다고 느껴질 정도로 공감이 되는 부분이었다. 그리고 특히 이 목사님이 '영적 연가시'를 자신에게 적용하는 대목—"여러분, 그런데 그날 그분과 그런 얘기를 나누고 나서부터 저에게 이상한 습관이 생겼습니다. 교회 행사들을 추진하고, 목회를 하다가 문득 자신에게 되묻는 습관이 생긴 겁니다. 나는 지금 이 행사를 하나님이 기뻐하시는 일이기 때문에 하고 있는가, 하나님의 뜻이라서 하고 있는가? 아니면 혹시 내 안에 있는 영적 '연가시'가 나를 조종해서 내가 허기를 느끼고 갈증을 느끼기 때문에 이 일을 하고 있는 것 아닌가? 이렇게 자신을 되돌아보는 계기가 되더라는 것입니다."—에 이르러서는 소름 돋는 듯한 기분이 되고 말았다. 이 대목은 내가 이전에 시험삼아 만들어보았던 책 목차의 일정 부분과 자로 잰 듯이 상응하는 내용이었기 때문이었다.

분당우리교회에서 행해진 설교를, 분당에서 많이 떨어진 남쪽 도시에서 작은 교회를 목회하고 있는 내가 듣게 됐다는 사실, 그리고 그 교회에서 보내온 적지 않은 설교 시디들 가운데, 그날 하필이면 영화 〈연가시〉 이야기가 나오는 설교를 듣게 됐다는 사실이 결코 우연한 일이 아니라는 생각이 들었다. 그리하여 이런 경우 대부분의 기독 신자들이 그러하듯이, 나는 우연이라고 볼 수 없는 이 사건을 통해 하나님의 뜻을 읽은 것으로 확신하고, 운전 중이었지만 마음속으로 감사 기도를 올렸다. 그리고 그 다음 날부터, 나는 기도하는 마음으로, 무식하기 짝이 없는 사람이 정말 용감하게도, 이 글을 시작하게 되었던 것이다.

너희는 이 세대를 본받지 말고 오직 마음을 새롭게 함으로 변화를 받아
하나님의 선하시고 기뻐하시고 온전하신 뜻이 무엇인지 분별하도록 하라
로마서 12장 2절

소비사회와
욕망의 〈연가시〉

*

한국교회의 세속화 문제를 야기한 '영적 연가시'를 논하기 위해서는 먼저 우리가 살고 있는 이 시대의 특성을 살펴보아야 한다. 바꾸어 말하면, 이 시대의 문화가 어떤 '영적 연가시'를 한국교회와 성도들에게 침투시키고 있는지를 살펴야 한다. 한국교회의 세속화 문제는 당연히 성경적인 관점에서 조명되어야 하지만, 동시에 한국교회가 속해 있는 전체적인 문화의 관점에서 성찰되어야 한다. 즉 텍스트성경와 컨텍스트시대의 긴장 속에서 세속화 문제를 다루어야 한다는 얘기다. 로마서 12장1-2절 말씀을 보면 성경은 우리에게 시대에 대한 통찰의 중요성을 강조하고 있다.

> 1 그러므로 형제들아 내가 하나님의 모든 자비하심으로 너희를 권하노니 너희 몸을 하나님이 기뻐하시는 거룩한 산 제물로 드리라 이는 너희가 드릴 영적 예배니라
> 2 너희는 이 세대를 본받지 말고 오직 마음을 새롭게 함으로 변화를 받아 하나님의 선하시고 기뻐하시고 온전하신 뜻이 무엇인지 분별하도록 하라

1절에서 사도 바울은 우리가 하나님께 우리의 삶 전체를 '거룩한 산 제물'로 드리는, 살아있는 예배를 드리는 삶을 살아야 한다는 사

실을 강조한다. 그리고 그러기 위해서는 2절에 나오는 세 가지의 전제가 필요함을 역설한다. 그 세 가지 전제는 다음과 같다.

(1) 이 세대를 본받지 말아야 한다.
(2) 그리고 마음을 새롭게 함으로 변화를 받아야 한다.
(3) 그리하여 하나님의 선하시고 기뻐하시고 온전하신 뜻이 무엇인지 분별해야 한다.

이 세 가지 전제에서 (1)이 우선적이다. (1)이 해결되어야, 즉 "이 세대를 본받지" 않는 수준이 되어야, (2)의 단계—마음을 새롭게 함으로 변화를 받게 되고, (2) 단계에 이르러서야 비로소 (3)의 단계가 가능해진다. 이렇게 (1)→(2)→(3)의 단계를 거쳐야만 1절에서 말하는 예배의 삶이 비로소 가능해진다.

이런 관점에서 이 글의 제2장에서는 '이 세대'의 특징, 이 시대의 문화적 특성을 소비사회와 욕망의 관계 속에서 살펴보기로 한다. 즉 '이 세대'의 문화가 어떤 〈연가시〉들을 만들어내고 있는지를 살펴보고자 하는 것이다. 그리고 제3장에서는 본받지 말아야 할 '이 세대'를, 소비사회의 풍조를, 한국교회가 본받음으로써 발생하게 되는 세속화의 양상들을 성경 해석을 중심으로 살펴보게 될 것이다. 바꾸어 말하면 이 시대의 〈연가시〉들이 성경 해석에 어떤 영향을 끼치고 있는지를, 수신자 중심적 성경해석이 갖게 되는 문제점들을 중심으로 살핀다는 말이다. 그리고 제4장에서는 우리 시대 한국교회에 침투한 욕망의 〈연가시〉들의 양상을, 조용기 목사님의 〈삼박자 축복론〉과 〈오중복음〉을 분석 대상으로 삼아 구체적으로 살펴보기로 한다. 그리하여 필자는 이 글에서 우리 시대의 성경 해석과 욕망의 문제를 살펴봄으로써, 한국교회가 "마음을 새롭게 함으로 변화를 받아 하나님의 선하시고 기뻐하시고 온전하신 뜻이 무엇인지 분별"하여, 우리의 삶을 '거룩한 산 제물'로 드릴 수 있게 되는 방안을 모색하게 될 것이다.

이런 관점에서 먼저 살펴보아야 할 것은 우리가 본받지 말아야 할 '이 세대'의 특성은 무엇인가 하는 점이다. 도대체 '이 세대'는 어떤 시대인가?

소비사회 - 이미지 생산과 소비

현대사회는 '소비사회'다.

우리가 살고 있는 이 시대를 규정짓는 주요 개념은 포스트모더니즘과 소비사회다. 프리데릭 제임슨은 포스트모더니즘을, 세계 제2차 대전 이후에 기반을 둔 자본주의 세 번째 단계인 후기자본주의의 문화적 논리 혹은 문화적 우세종이라고 설명한다.[1] 서구사회에서는 포스트모더니즘의 문화가 우세종으로 등장한 1960년대부터의 현대사회를 소비사회로 규정한다. 그리하여 과거와 같은 생산중심적 패러다임이 아니라, 소비행위에 초점을 맞춘 새로운 사회분석이 필요하다는 주장이 대두되었다.[2] 프리데릭 제임슨은 현대사회를 소비사회로 파악하고, 소비사회의 특성으로서 새로운 유형의 소비, 계획된 퇴폐성, 패션의 급격한 변화, 미디어의 침투, 자동차 문화 등을 들고 있다. 일반적으로 한국사회의 경우 1980년대 말에 들어서면서 포스트모더니즘 문화, 소비사회로 진입하게 된 것으로 파악되고 있다.[3]

장 보드리야르는 역동적인 현대사회의 변화에 대응하기 위해서는

---

1) 마이크 페더스톤, 정숙경 옮김, 포스트모더니즘과 소비사회(현대미학사, 1999), 19-20면.
2) 한상진 외, 현대사회의 이해(민음사, 1996), 247면.
3) 강명구, 소비대중사회와 포스트모더니즘(민음사, 1994), 218면.

새로운 사고가 필요하다고 충고한다. 그의 충고는 현대사회를 보는 그의 분석틀에서 구체적으로 나타난다. 그 역시 현대사회를 '소비사회'라 부르면서, 이러한 관점에서 현대사회를 분석한다.

장 보드리야르가 사용하는 '소비사회'라는 단어는 프랑스어로는 'La societe de consommation'이다. 여기서 소비라는 뜻으로 쓰이는 단어인 'consommation'은 영어의 'consumption'과는 의미가 다르다. 'consommation'라는 이 프랑스어는 영어의 'consumption'이라는 단어가 갖고 있는 '소비'라는 의미 외에 '성적性的 욕망의 충족'이라는 뜻이 포함되어 있다. 그런 의미에서 프랑스어의 '소비'는 단지 '써버린다'는 뜻 외에, '욕망의 충족'이라는 의미까지도 포함한다. 이것이 바로 보드리야르가 현대사회를 '소비사회'라고 부를 때 전제하고 있는 '소비'의 의미이다. 현대사회는 소비가 주요 특징이며 욕망의 충족을 기대하는 사회라는 의미로, 보드리야르는 현대사회를 '소비사회'라고 부른 것이다. 장 보드리야르에게 현대사회는 소비/욕망충족의 사회다. 소비/욕망충족의 사회는 포스트모던 사회의 또 다른 이름이다.

소비사회는 현대사회의 특징이 일상생활 영역으로 나타나는 문화양식으로서 그 구성요소의 대부분이 상품화되어 있다. 문화 참여를 위한 유일한 통로는 상품 소비이다. 소비사회에서 인간은 무슨 일을 하느냐가 아니라, 무엇을 소비하느냐에 따라 정체성이 결정된다. 소비는 본능적이고 물리적인 영역을 넘어서서 상징적이고 문화적인 영역이 되었다.

영화 〈연가시〉에서는 어떤 사람들이 몰래 죽은 개를 하천에 버리고 가버린다. 그러자 그 시체 속에 있던 연가시의 유충들이 하천 속에서 유영하다가 물놀이를 하러 온 사람들의 몸속으로 침투하게 된다. 이와 달리 우리 시대의 '영적 연가시'를 만들어내는 사회문화적

모판은 소비/욕망충족 사회이다. 소비는 단지 '써버리는 것'의 의미를 넘어서 '욕망의 충족'을 의미하게 되며, 현대의 군상들은 욕망의 충족을 위해 끝없이 미끄러지는 삶을 살아가고 있다.

소비사회의 '소비'는 가치 소비, 이미지 소비가 중심이다.

조금 전에 지적했듯이 장 보드리야르의 소비이론에서 말하는 '소비' 개념은 일반적인 경제학에서 말하는 소비 개념과는 다르다. 일반 경제학에서 말하는 소비는 상품의 사용가치를 사용하는 것을 의미하지만, 보드리야르가 말하는 상품의 '소비'는 사용가치의 소비를 포함하여 그보다 훨씬 더 큰 가치를 포괄하고 있다. 이러한 가치들은 행복, 안락, 풍요, 성공, 위세, 권위 같은 것들인데, 포스트모던 소비사회에서 '소비'는 이런 '가치들의 소비', 더 정확하게 말하자면 가치들의 소비를 통한 욕망 충족에 초점이 맞춰진다.

그런데 이런 가치들이 욕망충족을 위해 소비될 수 있게 하려면 반드시 기호화되어야 한다.[4] 소비사회의 특징은 상품의 가치 소비인데, 그 가치가 반드시 기호화된다는 사실은 소비사회를 이해하는데 매우 중요한 개념이다. 기호화된다는 것은 무엇을 말하는가? 가치가 '기호화'된다는 뜻은 광고의 카피 혹은 주된 이미지, 즉 브랜드 이미지가 소비자들에게 욕망되고 소비된다는 의미를 갖는다. 예를 들어, '열심히 일한 당신 떠나라'는 어떤 카드사의 광고 카피는, 소비자들로 하여금 일상에서 벗어나 마음대로 소비하고 싶은, 신용카드를 마음껏 '긁

---

4) 광고가 '기호화'된다는 뜻은 광고의 카피 혹은 주된 이미지, 브랜드 이미지가 소비자들에게 욕망되고 소비된다는 의미를 갖는다. 이러한 광고의 기호화는 조금 뒤에 '시뮬라시옹'의 개념과 관련되어 설명된다.

고 싶은' 욕망을 불러일으킨다. 다시 말하자면, '열심히 일한 당신 떠나라'고 기호화된 욕망을, 소비자들이 현실 속에서 충족하고 싶게 만드는 것, 바로 이것이 이 광고의 주된 전략이다.

이처럼 소비사회에서 개인의 소비 행위는 단순한 욕구 충족을 위한 의미를 넘어서서, 개인의 정체성을 형성하고 개인의 행위를 결정하는 중요한 동기가 된다. 더 나아가 타인과의 관계, 사회적 관계를 맺는데 중요한 매개가 되기도 한다. 이러한 소비의 의미는 주로 광고에 의해 창조된다. 다른 광고의 예를 들어 설명하기로 한다.

> – 오랜만에 친구를 만났다.
>
> – 너 어떻게 지내니?
>
> ('나'가 차 안에 자랑스럽게 앉아 있는 모습이 클로즈업되면서 '나'는 친구의 인사말에 속으로 말한다)
>
> – 나는 그랜저로 대답했다.

어떻게 지내느냐는 친구의 인사에 "나는 그랜저로 대답했다"는 자기 독백으로 끝나고 있는 이 광고는 자동차의 사용가치에 대해서는 일언반구도 언급하지 않는다. 이 차의 성능이나 출력, 그 밖의 외관에 대해서는 한마디도 언급하고 있지 않다. 그렇다면 화자가 "나는 그랜저로 대답했다"고 말한, 기호화의 의미는 무엇인가? 이 기호와의 의미는 이 광고 속에서 성공 개념과 맞닿아 있다. 즉 이 기호화는 젊은 사람으로서(이 광고에 나오는 주인물은 아무리 많이 봐도 30대 초를 넘지 않는 것으로 보이는 남자 인물이다) 중형차를 탈만큼 일찌감치 성공했다는 사실을 강조하는 메시지를 담고 있다. 바꾸어 말하면 이 광고 카피는, 성공의 이미지를 소비하고 싶어하는(혹은 성공했다는 사실을 인정받고 싶어하는) 욕망을, 이 차를 구입할 경우, 충족할 수 있다는 메시지를 젊은 층의 소비자들에게 전달하고 있는 것이다. 관점을 바꾸어 "나는 티코로 대답했다"는 기호화를 생각해보라. 쉽게 와닿지 않는가.

"나는 그랜저로 대답했다"라는 광고 카피는 '성공=그랜저'라는 공식을 갖는다. '성공'이라는 매우 추상적인 가치가 그랜저라는 매우 구체적인 사물과 결합됨으로써 이 광고는 젊은 층의 소비자들에게 이 자동차를 사면 '성공'의 가치를, 이미지를 '소비'하고 그 성공의 욕망을 충족할 수 있음을 암시하고 있다. 다시 말해서 "나는 그랜저로 대답했다"는 카피는 '성공'이라는 가치를 소비자들에게 설득함으로써, 이 광고 카피를, 즉 이 기호記號를, 현실에서 소비하고 싶은 욕망을 불러일으키도록 의도되어 있는 것이다.

이처럼 광고는 소비자로 하여금 광고에 나오는 상상적인 인격과 그 자신을 동일시하게 함으로써, 광고가 창출하는 '가치'와 '이미지'의 세계로 소비자를 불러들인다. 광고는 어떤 자동차는 어떤 부류의 사람들이, 어떤 화장품은 어떤 부류의 사람들이, 사용한다는 메시지를 전함으로써, 소비를 창출하고, 소비자에게 "당신은 이러이러한 사람이 될 수 있다"는 상상과 암시를 전달한다. 소비자는 광고를 보고 그 상품을 소비함으로써 "우리가 갈망하기는 하지만 절대로 획득할 수 없는 우리 자신의 상像"을 획득하게 되는 것이다.[5]

이처럼 소비사회에서 광고는 기호의 의미작용을 통해 소비자의 구매욕구를 자극한다. 이 경우 소비자의 소비욕구는 어떤 특정한 사물에 대한 욕구가 아니라, 차별화된 기호에 대한 욕구이다. 이러한 욕구에 의하여 구매된 상품은 구매자로 하여금 자신을 돋보이게 하며,

---

5) 강명구. 같은 책. 94면.

또한 사회적 지위와 위신을 드러내게 한다. 이것이 곧 사회적 차별화의 논리다. 이렇게 볼 때, 소비활동은 단순한 수동적인 구매활동이 아니라, 기호화 과정을 통한 '가치 소비'이다. 이러한 가치 소비를 촉진시키고 조장하는 것은, 주지하다시피 대중영상매체인 TV와 다른 매체들에 나오는 광고다.

이처럼 광고는 상품의 이미지를 창출함으로써 소비자와 상품을 연결시키는 가치 혹은 상징에 관심을 집중시킨다. 예를 들어 다이아몬드 광고는 소비자와 광물로서의 다이아몬드 사이에, '영원한 사랑'이라는 하나의 가치이미지를 창출함으로써, 다이아몬드라는 한 사물을 단순히 희귀한 '광물'이 아니라 '영원한 사랑'을 '의미'하게 만든다.[6] 광고는 단순한 유흥거리가 아니다. 광고는 문화적 가치를 각 개인에게 전달하는 소비자본주의 시스템의 일부이다. 우리는 이와 같이 소비사회의 소비문화가 사람들이 현실을 감지하는 사고방식과 행동에 결정적인 영향을 끼친다는[7] 사실을 언제나 기억해야 한다.

〈잠언3:3〉에는 "인자와 진리가 네게서 떠나지 말게 하고 그것을 네 목에 매며 네 마음판에 새기라"고 말씀한다. 그러나 현대 소비사회에서는 '인자와 진리'의 말씀 대신에, 세상이 만들어내는 성공, 행복, 권력, 안락, 풍요, … 등등의 '기호화된' 욕망들이 사람들의 '마음판'에 아로새겨지고 있다. 지금도 육신의 정욕과 안목의 정욕과 이생의 자랑의 〈연가시〉들은, 일상 속에서 매순간 멀티미디어들을 접하고 있는 현대인들의 마음판으로 끊임없이 침투하고 있다.

---

6) 강명구, 같은 책, 93면.
7) 켄 마이어스, 오현미 옮김, 대중문화는 기독교의 적인가 동지인가(나침반, 1997), 서론 15면.

현대사회의 〈연가시〉, 시뮬라시옹
– '진짜'보다 더 '진짜' 같은 '가짜'의 망령

'시뮬라시옹'이라는 낯선 개념을 설명하기 위해 딱딱하고 난해한 문화비평 이론을 갑자기 독자들에게 들이대는 것보다는, 아래의 한 편의 시를 같이 읽은 후에 구체적으로 설명해 나가는 것이 오히려 더 쉽고 친절한 방법이라고 생각된다. 이 시는 '시뮬라시옹'에 사로잡힌 현대인의 모습을 잘 보여주고 있다.

> 잘 만들어진 영화의 주인공은 영화가 끝나고 나서도 항상 내 곁에 맴돌며 울타리를 쳐요.
> 언제 어느 곳에서 내가 어떤 기분에 처해 있든 그 기분에 따라 내가 보았던 무수한 영화의 주인공들이 그림자같이 곁에 둘러붙어 같이 식사하고 술 마시고 춤추고 잠자요.
> 나는 항상 그들과 대화해요.
> 나는 그들에게 스트립쇼를 보여주고 담뱃불을 붙여주고 노래를 들려줘요.
> 실제하지 않지만 가장 확실하게 느껴지는 것이 그들이고 나는 그 허깨비를 통해 나를 현현시킬 수도 있어요.
> 그래서 나 같은 영화광에겐 어떤 남자도 다 시시하게 느껴져요.
> 같은 대학동기 중에 아직도 나를 사랑하는 남자가 있는데, 그가 나를 손에 넣기 위해서는 내 곁에 울타리 치고 있는 숱한 영화의 남자 허깨비들을 물리쳐야 할 거예요.
> 그는 단신으로 그 많은 허깨비를 물리칠 수 없겠죠.
> 또 그가 이기기를 바라지도 않아요.
> 꿈의 산업과 싸워 이겼을 때, 나는 그의 손에서 시들어버린 한 떨기 장미와 같이 될 것이니까요.
>
> –장정일, 〈프로이트식 치료를 받는 여교사〉 중에서[8]

---

8) 장정일 외 3인, 프로이드식 치료를 받는 여교사(열음사, 1988)

이 시 속에서 여성 화자는 영화광이다. 단순히 영화를 남들보다 별나게 좋아한다는 의미에서의 영화광이 아니다. 이 여성 화자는 자신이 보았던 영화들(아마도 대부분 할리우드 영화일 것임)에 나오는 남자 주인공들의 환상에 사로잡혀 살고 있는 영화광이다. 그 증상은 자못 심각하다. '숱한 영화의 남자 허깨비들'이 항상 그녀 '곁에 맴돌며 울타리를' 치고 있다. 더 정확하게 말하면, 그녀는 영화 속의 남자 주인공들을, 자신의 연인으로 생각하는 환상에 사로잡혀 있다. 그 환상은 그녀가 먹고 자고 즐기는 일상의 모든 삶 속에서 함께 한다. 그녀는 항상 그들과 '대화'하고 있다. 이렇게 여성 화자가 '실제하지 않지만 가장 확실하게 느껴지는' 존재라고 고백하고 있는 것, 현실 속에서 만나는 그 '어떤 남자도 다 시시하게' 느끼게 만드는 '허깨비', 바로 이것이 시뮬라시옹의 좋은 예가 된다.

프랑스어인 '시뮬라시옹'은 영어로는 '시뮬레이션 simulation'으로 불린다. 시뮬레이션, 즉 '모사'는 원래 진짜를 모방한 것 또는 베낀 것이다. 그러나 모방 내지는 재현을 뜻하는 '모사'라는 이 단어는 오늘날 진짜 또는 실재와는 전혀 무관하게, 스스로의 가치를 가지는 모조품을 만드는 과정을 의미한다. 그래서 이러한 모조품은 '진짜 모조품' 또는 '진짜 가짜'라고 불린다.

엄격하게 말하자면, 시뮬라시옹은 '모방'이라는 의미로 번역될 수 없다. 모방은 모방하는 원래의 대상을 전제로 한다. 반면 시뮬라시옹은 흉내낼 대상이 없는 이미지이며, 이 원본 없는 이미지가 그 자체로서 현실을 대체하고, 현실은 이 이미지에 의해서 지배를 받게 되

므로, 오히려 현실보다 더 현실적이다.[9]

앞의 시 속에서 여성 화자가 "나 같은 영화광에겐 어떤 남자도 다 시시하게 느껴져요"라고 고백하고 있음을 보라. 영화의 주인공은 실제 현실의 그 배우가 아니다. '허깨비다'. 영화라는 가공의 영상 속에서 허구적으로 존재하는 허상이다. 그런데 그 허상이 실제(앞의 시속에서는 '같은 대학 동기 중에 아직도 나를 사랑하는 남자')보다 더 확실하게 느껴지는 것, 이것이 바로 시뮬라시옹이다. '주변의 어떤 남자도 다 시시하게' 느껴지게 만드는 '숱한 영화의 남자 허깨비', 허상이자 가짜인 그 '허깨비'가 실제보다 더 실제처럼, 진짜보다 더 진짜처럼 '확실하게' 느껴지게 만드는 것이 시뮬라시옹의 효과다.

시뮬라시옹은 실제로는 존재하지 않는 대상을 존재하는 것처럼 만들어놓은 인공물을 의미한다. 그 인공물은 광고일 수도 있고, 영화, 드라마, TV 리얼리티 쑈, 오락게임, 인터넷 등등이 될 수 있다. 시뮬라시옹은 이런 매체나 환상창조 과정을 통해 실제하지 않는 것을 실제보다 더 실제적인 것으로 인식하게 만드는 가짜다. 그러나 위의 시속에서 영화의 '허깨비들'의 환상에 사로잡혀 사는 여성 화자의 경우처럼, 소비사회의 광고가 창조한 시뮬라시옹에 사로잡혀 사는 현대인들에게, 그 가짜는 진짜보다 더 진짜처럼 느껴지는 가짜, 즉 '진짜보다 더 진짜 같은 가짜'가 된다.

이 '진짜 가짜'가 만들어지는 과정을 나이키 신발을 예로 들어 생각해보자. 바보같은 얘기지만 나이키 신발은 신발이다. 그러나 사람들

9) 장 보드리야르, 하태환 옮김, 시뮬라시옹(민음사, 2010), 9–10면. 참조. 장 보드리야르는 여기서 시뮬라시옹의 예로서 현대전쟁을 들고 있다. 미사일 발사는 컴퓨터의 화면을 보면서 한다. 실제 미사일의 움직임을 육안으로 보면서 하지 않는다. 이때 시뮬라시옹의 화면상의 미사일 궤도는 실제 미사일 탄의 궤도일 것이며, 더 나아가 실제 탄이 목표에 맞았는지 맞지 않았는지는 중요하지 않게 되어버린다. 결국 시뮬라시옹이 실제보다 더 실제적인 것으로 설명되고 있다.

이 나이키 신발을 구입할 때 신발로서의 사용가치 때문에 나이키 브랜드 신발을 구입하는 경우는 그렇게 많지 않다. 나이키와 브랜드 이름이 비슷하지만 가격은 훨씬 저렴한 나이스같은 제품도 나이키 제품만큼 일정한 기간 동안 신을 수 있는 유용성과 내구성을 갖고 있기 때문이다. 그러나 시뮬라시옹에 세뇌되어 브랜드에 사로잡힌 사람들은, 사정만 허락된다면 나이키 신발을 소비하고 싶어한다. 왜냐하면 나이키 브랜드는 다양한 광고들을 통해서 타이거 우즈나 마이클 존슨 등과 같은 스포츠 스타들이나 유명인들의 이미지와 결합되면서, 사람들의 머리 속에 고급 브랜드로 깊이 각인되어 있기 때문이다. 그래서 사람들은 훨씬 고가임에도 불구하고, 그들 속에 각인된, 나이키의 시뮬라시옹을 소비하고 싶어하는 것이다.

시뮬라시옹은 과실재過實在, over-reality 개념으로도 설명될 수 있다. 과실재는 조작된 사물과 경험의 비실재로서, 실제 그 자체보다 더 실제같이 보이려고 노력한다. 과실재는 모사에 의해 만들어졌지만 실제보다 더 실제처럼 보인다.

과실재는 조작된 사물과 경험의 비실재성을 바탕으로 하여, 모사가 실제보다 오히려 더 실제 같은 영역이다. 따라서 모조품은 더 이상 실제의 껍데기의 차원에 머무르지 않는다. 모사품은 부재不在를 현전現前으로 제시할 뿐만 아니라, 상상을 실제로 내보임으로써, 실제를 상상 속으로 흡수해버린다. 이 결과 상상과 실제의 구분은 와해된다. 이제는 실제가 과실재로서의 상상 속에 함몰되는 지경에 이르게 되는 것이다.

앞의 시에서 여성 화자는 '그의 손에 시들어버린 한 떨기 장미'와 같이 될 '실제'의 삶을 동경하지 않는다. 오히려 그녀는 '실제하지 않지만 가장 확실하게 느껴지는' 시뮬라시옹을 '소비'하면서 '그 허깨비를 통해 나를 현현'하고자 한다.

소비사회에서 상품은 광범위한 문화적 결합체나 환상과 자유롭게 결합한다. 예를 들면, 특히 광고는 비누, 세탁기, 자동차와 알콜 음료와 같은 일반 소비상품에다 로맨스, 이국적 이미지, 욕망, 미, 충족감, 일체성, 과학적 진보와 같은 삶의 좋은 이미지를 부여하여[10] 새로운 시뮬라시옹의 세계, 환상을 창조한다. 소비사회 속에서 광고를 통해, 각종 매체들을 통해, 사람들 속으로 침투하는 〈연가시〉는 바로이 '시뮬라시옹'이다.

---

10) 마이크 페더스톤, 같은 책, 33면.

멀티미디어의 세뇌와 조종 – 마음판에 새겨지는 〈연가시〉

시뮬라시옹과 '삼각형의 욕망'

르네 지라르는 프랑스 출신이면서 주로 미국 대학에서 강의하며 저술 활동을 했던 문학평론가이자 문화인류학자였다. 그는 〈낭만적 거짓과 소설적 진실〉이라는 제목의 저서에서 현대인의 욕망은 삼각형의 구조로 되어 있다고 설명한다. 다시 말하면 욕망하는 주체와 욕망의 대상, 그리고 그 욕망의 중개자가 삼각형의 구조를 갖게 된다는 것이다. 그는 이렇게 중개자에 의해 간접화된 욕망을 '삼각형의 욕망'이라고 불렀다. 그가 볼 때 인간의 욕망은 자신의 내면에서 자연발생적으로 일어나지 않는다. 그는 인간은 욕망의 중개자에 의해 암시된 욕망을 소유하면서, 그 '간접화된 욕망'을 욕망하는 것으로 파악한다.[11]

르네 지라르는 스탕달의 소설 〈적과 흑〉의 주인공 줄리앙이 마틸드라는 여성을 향하고 있는 욕망을 '삼각형의 욕망' 도식으로 설명한다. 줄리앙은 자신의 내면적 열정에 의해 마틸드라는 젊은 여성을 욕망하지 않는다. 줄리앙의 욕망의 중개자는 권력의 상징인 나폴레옹이다.

---

11) 르네 지라르, 김치수·송의경 옮김, 낭만적 거짓과 소설적 진실(한길사, 2013), 24면 참조.

줄리앙은 그의 정신적 중개자이자 모델인 나폴레옹과 같이 되고자 하는 사회적 상승 욕망에 의해 마틸드를 욕망하며, 그리고 마침내 그녀를 차지한다. 이러한 줄리앙의 욕망 구조는 다음과 같은 그림으로 설명될 수 있다.

마틸드—욕망의 대상

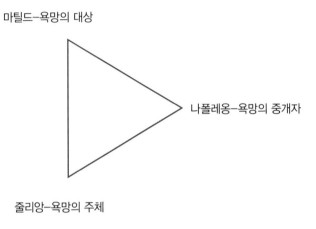

나폴레옹—욕망의 중개자

줄리앙—욕망의 주체

마틸드를 향하고 있는 줄리앙의 욕망은 주체에서 곧바로 욕망의 대상으로 향하는 단선적인 것이 아니다. 프랑스의 역사에서 가장 영광스러운 영웅 나폴레옹처럼 되고자 하는 줄리앙의 욕망은, 나폴레옹이라는 욕망의 중개자를 거쳐서, 간접적으로 마틸드를 향하고 있다. 르네 지라르가 볼 때 현대인의 욕망은 이처럼 언제나 '간접화'되어 있다. 주체의 욕망은 대상을 향해 수직적으로 상승하는 것이 아니라 중개자를 거쳐 비스듬히 상승하여 대상에 이르게 된다는 것이다.[12]

르네 지라르가 같은 저서에서 보여주고 있는 세르반테스의 〈돈키호테〉에 대한 분석도 마찬가지다. 돈키호테는 자신의 내면적인 열정에 의해 풍차를 향해 돌진하지 않는다. 돈키호테의 중개자는 중세의

---

12) 르네 지라르, 같은 책, 23면 참조.

이상적인 기사인 '아마디스'이다. 이 소설에서 돈키호테는 아마디스를 주인공으로 한 기사담騎士談을 읽은 후 아마디스를 자신의 모델로 삼는다. 그리하여 돈키호테는 아마디스라는 중개자를 통해 그에게 지시된 대상을 향해, 또는 지시된 것처럼 보이는 대상을 향해 돌진하게 되는 것이다.[13] 따라서 돈키호테의 욕망은 다음과 같은 삼각형의 구조를 갖게 된다.

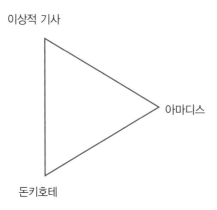

필자가 르네 지라르의 '삼각형의 욕망'을 여기서 언급하고 있는 이유는, 이 '삼각형의 욕망'의 도식이 현대인의 욕망의 구조를 설명하는데, 그리고 현대 소비사회의 지배적인 속성인 시뮬라시옹의 역학 구조를 설명하는데, 매우 유익하다고 판단되었기 때문이다. 〈낭만적 거짓과 소설적 진실〉의 역자 중의 한 사람인 김치수 교수가 이 책의 해설 부분에서 "오늘날 우리 자신의 욕망이 고도 산업사회의 광고에 따라서 도발되고 간접화하는 현상"[14]이 르네 지라르의 '삼각형의 욕망'의

---

13) 르네 지라르, 같은 책, 40–41면.
14) 르네 지라르, 같은 책, 28–29면.

도식과 상동相同 관계에 있다는 설명도 필자의 이러한 판단과 일맥상통한다. 소비사회를 규정하고 있는 욕망의 간접화 현상은 대부분 광고나 멀티미디어의 이미지에 의해 만들어지는 시뮬라시옹을 통해 이루어진다. 이는 조금 앞에서 설명한 그랜저 자동차 광고의 예를 통해 쉽게 이해할 수 있다.

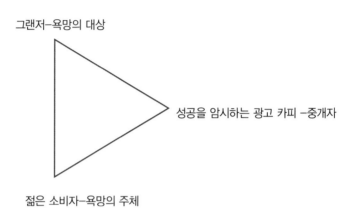

최근에는 국내에서도 다양한 고급 차종들이 생산되고 있지만 조금 세월을 거슬러 올라가면 그랜저는 제법 성공한 한국인들이 구입하는 차종들 중의 하나였다. 그러니까 이 광고는 그랜저의 이런 성공 이미지를 소비하고 싶은 젊은 소비자들에게 "나는 그랜저로 대답했다"는 광고 카피를 통해, 이 차를 구입하면 '성공' 이미지를 소유하고 소비할 수 있다는 암시를 줌으로써, 그랜저를 구입하고 싶은 욕망을 부추기고 있는 것이다. 위의 '삼각형의 욕망'의 도식은 이 광고가 소비자로 하여금 이 광고가 암시하는 '성공' 이미지의 중개자를 통해 그랜저를 욕망하게 만드는, '간접화된 욕망'의 구조를 매우 구체적이고도 선명

하게 보여주고 있다.

　이처럼 르네 지라르의 '삼각형의 욕망'의 도식은 문학비평적인 수준뿐만 아니라 현대인의 일상적인 삶을 논하는 수준에서도 매우 유익하다. 현대 소비사회의 욕망의 문제를 논의할 때, 욕망의 '간접화' 현상에 대한 선명한 분석을 용이하게 해준다는 점에서, 르네 지라르의 '삼각형의 욕망' 도식은 유용한 개념 도구가 아닐 수 없다. 특히 르네 지라르가 그의 저서에서 심리적 기제를 통해 기독교적 구원의 가능성을 모색하고 있다는 점에서, 그리고 욕망의 간접화 현상은 기독교에서도 발견될 수 있는 구조라는 점에서[15], 그의 '삼각형의 욕망'의 도식은 기독교 신앙 혹은 성경 해석의 문제를 욕망의 문제와 관련시켜 논의하고자 하는 이 글에 매우 생산적인 기여를 하게 될 것이다.

---

15) 르네 지라르, 같은 책, 24면.

시뮬라시옹의 유혹 - 새로운 우상

이미지 생산과 소비 과정에서 중요한 것은 광고에 의해 만들어지는 환상이다.[16] 환상幻想을 뜻하는 영어 단어 'illusion'은 라틴어 in(속으로)+ludus(놀이)에서 나온 것이다. 상상을 통해 놀이 속으로 들어가서, 상상 속의 놀이를 마치 현실인 것처럼 보게 되는 것이 환상의 효과다. 광고는 이러한 환상 창조를 통해 소비 대중들의 생각과 정서를 지배한다. 앞에서 소개된 장정일의 〈프로이트식 치료를 받는 여교사〉라는 시에서 나타났듯이 소비사회를 살아가는 소비 인간은 광고나 각종 멀티 미디어들이 만들어내는 시뮬라시옹의 환상에 강력하게 사로잡힌다. 이 시에 나타난 여성화자의 욕망 구조는 다음과 같이 도식화될 수 있다.

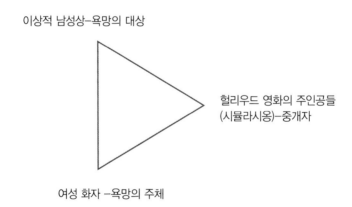

이상적 남성상-욕망의 대상

헐리우드 영화의 주인공들
(시뮬라시옹)-중개자

여성 화자 -욕망의 주체

'삼각형의 욕망'의 관점에서 보면 이 시 속에서 여성 화자는 자신의 이상적 남성상을 자신의 내면에서 자연발생적으로 일어나는 욕망에

---

16) 장 보드리야르, 이상률 옮김, 소비의 사회(문예출판사, 1992), 25-26면.

의해 바라보지 않는다. 자신이 자주 보았던 헐리우드 영화에 나오는 남자 주인공들, 시뮬라시옹의 중개자를 통해 바라본다. 즉 이 여성 화자가 욕망하는 이상적 남성상은 시뮬라시옹에 의해 '간접화'되어 있다. 다시 말해서 여성 화자의 욕망은 이상적 남성상을 향해 수직적으로 상승하는 것이 아니라 중개자를 거쳐서 비스듬히 상승한다.

이 여성 화자는 철저히 시뮬라시옹에 의해 지배되고 있다. 헐리우드 영화에 나오는 멋진 남성 배우들의 이미지들에 의해, 남성을 바라보는 자신의 욕망을 지배당하고 있다. 헐리우드 배우 이미지들을 중개자로 해서 남성을 욕망하는 이 여성 화자의 입장에서 볼 때 자신에게 프로포즈한 대학 동기 남자는 참으로 어이없는 인간이 아닐 수 없다. 실제 이 시 속에서는 여성 화자가 대학 동기 남자의 뺨을 때렸다는 얘기도 나오는데, 이 여성 화자는 그 동기 남자에 대해 분노하고 또 분노한다. 헐리우드 스타들과 비교해볼 때, 코도 낮고, 눈은 가늘게 찢어졌고, 얼굴이 희지도 않고 누런데다가, 영어도 잘 못하고, 외제차도 없고, 키도 작고…, 등등 멋진 구석이 하나도 없는 남자가 감히 자신에게 프로포즈를 했다는 것 자체가 역겹고 어이없는 일이었을 것이다.

그만큼 이 여성 화자는 자신이 보았던 영화들의 이미지에 의해 철저히 지배되고 있다. 영화의 이미지들은 거부할 수밖에 없는 힘으로 그녀의 모든 일상을 지배하고 조종하고 있다. 장정일 시인은 이처럼 시뮬라시옹에 의해 일상적 의식과 무의식까지 지배당하고 있는 현대인의 정신병리적인 욕망 구조를 이 시를 통해 제시하고 있는 것이다.

이처럼 현대의 소비사회를 주도하는 대중매체는 강력한 기호와 이미지를 방출하여 시청자의 뇌리에 시뮬라시옹을 각인시킨다. 소비자

는 시뮬라시옹에 의한 세뇌를 통해 시뮬라시옹의 노예가 된다.[17] 소비
사회는 대중매체를 통해 대중을 시뮬라시옹의 환상으로 길들임으로
써, 시뮬라시옹 소비를 조장하고 강요하고 노예화한다.

　보드리야르는 이런 관점에서 현대사회를 '스펙터클 사회'로 명명한
다. 스펙터클 사회는 이미지 소비, 즉 시뮬라시옹의 소비가 가장 발전
된 상품화 사회다. 보드리야르는 소비사회에서는 문화적 이미지가 상
품의 교환가치나 사용가치에 비하여 가장 발전된 상품형식이 되며,
상징적 이미지나 기호 그 자체가, 즉 시뮬라시옹 자체가 상품으로 구
매된다고 주장한다. 기호記號는 상품과 결합하여 '상품=기호'로 생산
되는데, 이것은 후기 자본주의사회의 핵심적인 특징이다.[18]

　스펙터클 사회는 끊임없이 광고를 통해 상품의 이미지를 생산하고
소비한다. 소비사회에서 욕망은 어떤 특정한 사물에 대한 욕구가 아
니라 차별화된 기호에 대한 욕망이다. 시뮬라시옹 소비, 즉 이미지 소
비는 행복, 안락, 풍요, 성공, 위세, 권위 등의 가치 소비에 초점을 맞
추면서 소비자 자신을 돋보이게 만드는 과시적 성격을 지닌다. 스펙터
클 사회는 상품의 물신숭배가 기호의 물신숭배로 전도된 사회이며,
이미지가 가장 발전된 상품화 사회다. 소비자들은 상품의 사용가치
때문에 상품을 구매하는 것이 아니라 시뮬라시옹을 소비하기 위해서
구매한다. 광고, 매체, 상품전시의 기술을 통해 소비문화는 상품에
연상되는 감정, 욕망을 불어넣을 수 있는 새로운 이미지나 기호들, 즉
시뮬라시옹을 중요하게 생각하며, 그것을 숭배한다.[19]

　시뮬라시옹은 현대 후기자본주의 소비사회에서 인간들이 자신의

---

17) 시뮬라시옹을 소비하는 것도 그렇지만, 경제적 이유로 시뮬라시옹을 소비하지 못하여 비교
　　의식에 빠지고 좌절하고 낙심하는 것도 시뮬라시옹의 노예인 점에서는 마찬가지다.

18) 마이크 페더스톤, 같은 책, 34면.

19) 마이크 페더스톤, 같은 책, 174면.

손으로 자신의 생각과 마음속에 아로새기고 있는 현대적 우상이다. 우리는 우상숭배 문제를 좀 더 근본적으로 생각해야 한다. 우상은 인간의 생각과 마음속에서 시발된다는 사실을 언제나 명심해야 한다. J. 다우마는 이렇게 말했다. "나무나 돌의 형상으로 우상이 만들어진다는 사실은 부차적이다. 중요한 것은 인간의 정신 속에서 우상의 형상이 잉태되고 인간의 손으로 우상이 조각된다는 사실이다." 시뮬라시옹은 인간의 정신 속에, 마음판에, 지속적으로 조각되고 있는 현대의 우상이다.

시뮬라시옹은 현대후기자본주의 소비사회가 만들어내는 새로운 우상이다. 그러나 정확하게 말하면 전혀 새롭지 않다. 시뮬라시옹은 역사적으로 인류가 자신의 탐심에 의해 만들어낸 무수한 우상들의 현대적 변용일 뿐이다—"해 아래에는 새 것이 없나니"(전도서1:9). 그러니까 시뮬라시옹은 우리가 현대소비사회를 인식대상으로 할 때 시뮬라시옹의 중요성을 언급하지 않을 수 없다는 관점에서만, '새로운' 우상이다.

우상은 시뮬라시옹의 환상 속에서 현대인의 생각과 정서 속에서 자리잡게 되며, 현대인들은 시뮬라시옹의 환상이 만들어주는 가짜 행복을 진짜 행복으로 꿈꾸며 살아간다. 기대치가 충족되면 행복하리라고 믿는 이런 믿음은, 나무를 깎아 금색으로 입힌 우상이 되어 현대인의 사고 속에서 작용한다. 소비자가 그 상품을 소비할 때, 광고를 통해 전달되고 각인된 상품의 이미지가 자신의 것이 되고, 자신의 삶의 일부가 되리라고 믿게 되는 환상, 혹은 행복에 대한 기대가, 소비사회 속에서 살아가는 소비인간의 중요한 가치가 된다.

입장을 바꾸어 놓고 말하자면, 광고주들은 광고업자들을 통해 대중의 환상의 삶을 다루는 법을 배우게 된다. 자동차의 예를 들어보

자. 자동차는 더 이상 운송기계로서 상품화되는 것이 아니라, 권력, 성적 충동(자동차 광고에는 노출이 심한 육체파 여성모델이 등장하여 자동차 브랜드 가치와 성적 매력을 동일화시키는 전략을 자주 사용한다), 자유, 지위 등을 상징하는, 자아의 연장延長으로 팔리게 된다. 강력한 의지나 권력을 상품 소비를 통해 소유하고 과시할 수 있다는 확신을 소비자들에게 심어주는 것이 광고의 목적이고 전략이다. 말하자면 광고주와 광고업자들은 스테이크 고기를 파는 것이 아니라 그 고기를 구워내는 소리를 파는 셈이다.[20]

　　우상숭배를 의미하는 영어, 'idolatry'는 두 개의 희랍어, 즉 우상을 의미하는 '에이돌론eidoleion'과 숭배를 의미하는 '라트레이아Latreia'의 합성어로 형성되었다. 어원론적으로 우상숭배는 하나님 외의 다른 신들에 대한 숭배를 의미한다. 하지만 우상숭배의 의미는 다양한 정의와 함께 의미의 복합성을 지닌 것으로 설명되어 왔다. 종교현상학의 관점에서는 우상은 "구조가 단순하든 복잡하든 간에 어떤 형태의 예배를 받는 여하한 물질적 대상"으로 설명된다. 크리스토퍼 노드는 "우상숭배는 초월적이고 창조 바깥에 계시는 창조주 대신에 우리가 의도하는 것에 대한 예배"로 정의한다.[21]

　　그러니까 우상은 결코 눈에 보이는 석상이나 목상만을 의미하지 않는다. 우상이란 하나님 대신에 섬기는 인간 자신의 생각, 욕구, 바람, 기대다. 자기중심의 필요만을 끊임없이 추구하는 것, 바로 그것이 우상이다. 우리는 물질적 축복을 열망한다. 저 차를 가지면, 저런 집에 살면, 저런 에어컨, 저런 화장품······. 물론 광고에 나오는 상품들

20) 윌리엄 포어, 신경혜·홍경원 옮김, 매스미디어 시대의 복음과 문화(대한기독교서회, 2002), 94-95면.a
21) 강병훈, "쉐마 주제별 종합자료사전 제11권"(성서연구사, 1996), 631면.

을 소비하고 싶은 마음을 갖는 것 자체가 잘못은 아니다. 그러나 이를 행복의 절대적 조건으로 삼거나 삶의 우선순위에 놓는 것은 분명히 죄다. 그것이 우상이 되어버리기 때문이다.[22] 하나님 아닌 다른 것을 자신의 행복과 성공의 기준으로 삼고 그것을 추구하고 욕망하고 소비하고자 한다면, 그것이 바로 자신의 우상이다.

우리 마음이 하나님 아닌 것에 마음을 빼앗기고 있다면, 혹은 하나님의 성품에 거스르는 생각과 환상에 빠져 있다면, 그것이 바로 우상이다. 다시 말해 우상은 우리의 생각, 믿음, 상상 가운데 둥지를 틀고 있다. 우리가 성공과 행복의 기준으로 받아들이고 있는 달콤한 생각들, 상상들, 이미지들, 환상들, 즉 시뮬라시옹이 바로 우상이다. 소비사회 속에서 사람들이 쉽사리 받아들이는 시뮬라시옹의 환상은 사람들로 하여금 하나님의 참된 본성과 행복의 원천에 대한 생각을 포기하게 만든다. 하나님 아닌 다른 곳에 행복이 있고 성공이 있다는 거짓말에, 마음과 귀를 여는 것 자체가 우상숭배의 출발점이다. 하나님께 축복을 받으려고 기도하지만, 오로지 하나님이 주시는 축복에만 관심이 있고, 하나님과의 교제에는 관심이 없다면 그 신자는 우상숭배자다. 하나님이 신이 아니라, 하나님의 축복이 그의 신이기 때문이다.

현대인들은 성공, 명예, 재산, 지위, 권력, 과학기술, 스포츠, 속도(자동차, 컴퓨터, 항공여행), 인기 등을 얻기 위해 옆을 돌아볼 새 없이 줄달음질을 친다. 그들의 마음이 이런 것들로 가득 차 있으므로, 바로 이런 것들이 그들의 하나님이 된다. 종교개혁자 루터는 그의 십계명 제1계명 강해 속에서 이렇게 말했다. "분명히 말하건대 당신의 마음이 의지하고 신뢰하는 것이 무엇이든 그것이 참으로 당신의 하나

---

22) 엘리제 피츠패트릭, 내 마음의 우상(미션월드, 2009), 22면.

님이 되는 것이다."

　우상숭배는 우리로 하여금 하나님께 불순종하게 만들고 하나님과의 관계를 단절하게 한다. 우상숭배 문제는 오늘날 소비사회 속에서 기독 신자들이 신앙을 유지하고 성화의 삶을 살아가는데 매우 심각한 도전이 된다. 우리는 요한이 마지막으로 한 말을 기억해야 한다. "자녀들아 너희 자신을 지켜 우상에게서 멀리 하라."(요일5:21). 존 칼빈의 말처럼 우상을 만드는 것은 바로 우리 마음이다. 우리는 우리 자신의 마음이 어떤 식으로 우상을 만들어내는지를 이해해야 한다. 소비사회는 거대한 우상숭배의 사회다. 광고의 시뮬라시옹의 창조와 소비를 통해서, 날마다 우상을 생산하고 우상을 소비하는, 참으로 기괴한 사회다.

세속화의 주범 - '육신에 속한 자'의 욕망 구조

고린도교회가 세워졌던 고린도라는 도시는 그리스 반도 아래 자리 잡은 도시로서 무역업이 성행하는 항구들을 끼고 있는 도시였다. 무역이 성행했던 만큼 우상을 섬기는 여러 민족들이 섞여 있던 우상숭배의 도시였다. 고린도는 '고린도인'이라는 단어 자체가 '음행'과 관련된 의미로 현대의 사전에서도 설명되어 있을 정도로, 심각한 음행과 우상숭배 속에 빠져 있었다. 그런 고린도라는 지역에서 고린도교회의 세속화 문제가 나왔듯이, 소비사회가 빚어내는 갖가지 욕망의 '음행'들이 전염병처럼 퍼져가고 있는 지금 여기의 한국 땅에서, 한국교회의 세속화 문제가 제기되고 있는 것은 어떤 면에서는 매우 자연스러운 일인지도 모른다.

사도 바울은 고린도교회의 분쟁과 음행과 송사와 같은 세속화 문제를 언급하면서 '육의 사람'과 '신령한 자'와 '육신에 속한 자', 이렇게 세 종류의 사람을 영적으로 구별하여 설명하고 있다(고린도전서2장 14절-3장3절).

'육의 사람', 즉 자연인의 경우 그의 마음과 감정, 의지는 그를 지으신 하나님을 완전히 떠나서 육신이 원하는 대로 행동한다. 다시 말해서 '육의 사람'은 중생하지 못한 사람이다. 따라서 이 사람은 하나님의 일을 이해할 수 없고, 오히려 어리석은 것으로 여긴다. 반면 '신령한 자'의 경우 그의 마음은 새롭게 변화되었다. 그의 감정은 혼란 대신 평화와 기쁨이 넘친다. 그는 육신을 좇아 살지 않고 성령을 좇아 살아간다. 성령이 내주하는 사람이요, 성령의 조종을 받는 사람이다. '신령한 자'는 성령의 능력으로 변화를 받아 하나님의 계시를 이해하고 그 계시가 무엇을 의미하는지 알 수 있다. 그는 성령 안에서 살면서, 삶 속에서 성령의 열매를 맺는다.

'육의 사람'과 '성령의 사람'의 경우 '삼각형의 욕망'은 다음과 같은 도식을 갖게 된다. '성령의 사람'의 경우 그의 욕망의 중개자는 예수 그리스도가 된다. 반면 '육의 사람'의 경우 그의 욕망의 중개자는 당연히 세상이다. '육의 사람'의 경우 '삼각형의 욕망'은 다음과 같이 될 것이다.

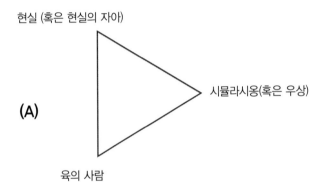

반면 '성령의 사람'의 경우 그는 예수 그리스도를 모방하고 닮기 원하는 열망을 갖고서 삶을 살아간다. 따라서 그의 중개자는, 그의 삶의 모델은 예수 그리스도가 된다.

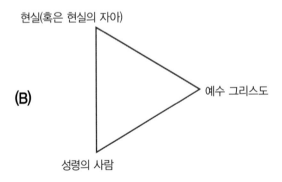

앞의 그림에서 '신령한 자', 즉 성령의 사람은 자신의 내면적 욕망으로 자신의 삶을 바라보지 않는다. 세상의 욕망으로 자신의 삶을 보지도 않는다. '성령의 사람'은 그의 거룩한 중개자인 예수 그리스도 안에서 현실을 바라본다. 그의 옛사람은 예수 그리스도와 함께 십자가에 못박혀 죽었다. 이제 그가 육체 가운데 사는 것은 자신을 위하여 자기 몸을 버리신 하나님의 아들 예수 그리스도를 믿는 믿음으로 사는 것이다. 세상은 물신숭배와 시뮬라시옹으로 유혹하지만 '성령의 사람'은 옛사람이 죽고 새사람으로 살아가기에, 세상적인 우상들을 자신의 욕망의 중개자로 삼기를 거부한다.

기독교에서 말하는 회심이란 앞의 두 그림을 통해서 살피자면 한 사람의 욕망 구조가 (A)에서 (B)로 바뀌는 것을 의미한다. 이전에 세상과 우상에 사로잡혔던 사람이 그의 삶의 중개자를 예수 그리스도로 온전히 받아들이게 되는, 근본적인 변화를 겪게 되는 것이 회심이다.

위대한 소설의 결말 부분에 대한 분석에서 르네 지라르는 구원을 마지막 목표로 삼는 종교적 결말로 그의 분석을 종결한다. 스탕달의 소설 〈적과 흑〉의 주인공은 죽음을 앞두고 회심한 후 권력을 향한 자신의 의지를 철회하고 레날 부인에게 달려간다. 회심 전 줄리앙의 욕망의 중개자는 나폴레옹이었으나 회심 후 그의 중개자, 모델은 예수 그리스도로 바뀐다. 〈죄와 벌〉의 주인공은 결말에서 고립을 이겨내고 복음서를 읽으면서 오래 전부터 맛보지 못했던 평화를 느낀다. 이전에 세상적으로 살고자 했던 인본적 사고를 벗어나서 그는 예수 그리스도 안에서 진정한 평화를 맛보게 되는 것이다. 소설이란 타락한 세계에서 작가 자신이나 소설 주인공이 마지막 순간의 전환을 통해 초월을 가져오는 것이라고 보는 점에서 르네 지라르는 기독교적인

전망의 소유자였다.[23]

그런데 세속화와 관련되어 주로 문제가 되는 존재는, '성령의 사람'이나 '육의 사람'이 아니라, '육신에 속한 자'이다. '육신에 속한 자'는 예수 그리스도를 믿는 믿음으로 그리스도 안에서 하나님으로부터 의롭다 함을 받았다. 그러나 그는 '신령한 사람'처럼 성령의 인도를 받는 대신 육신의 충동에 따르는 삶을 산다. 물론 그도 성령을 따라 살면서 또 성령의 열매를 맺고 싶어 하지만, 그의 일상의 대부분은 자신의 의지와는 상관없이 육신을 따라 가면서 죄를 먹고 마시게 된다.[24] 사도 바울은 세속화 문제에 빠진 고린도교회 교인들을 향해 이렇게 말한다.

> "너희는 아직도 육신에 속한 자로다 너희 가운데 시기와 분쟁이 있으니 어찌 육신에 속하여 사람을 따라 행함이 아니리요."(고전3:3)

사실 예수 믿는다는 고백만으로 곧바로 성화가 이루어지지 않는다. 성화란 지속적인 자아의 죽음과 거듭남을 통해 계속 변화해가는 신앙의 성숙과정이다. 고린도교회는 성화를 이루지 못하고 '아직도' '육신에 속한 자'들에 의해, 시기와 분쟁과 음행같은 세속화의 문제가 발생했던 것이다.[25] '육신에 속한 자'가 가지고 있는 욕망의 구조는 다음과 같다.

---

23) 르네 지라르, 같은 책, 32–33면.
24) 닐 앤더슨, 내가 누구인지 이제 알았습니다(조이선교회, 2007), 89–93면 참조.
25) 물론 예나 지금이나 거듭나지 못한 '육의 사람'들이 교회에 속해 있으면서 세속화의 문제들을 야기하게 되는 것도 사실이다.

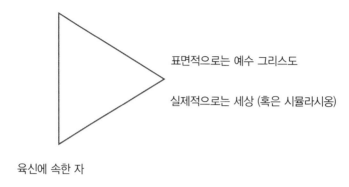

현실(혹은 현실적 자아)

표면적으로는 예수 그리스도

실제적으로는 세상 (혹은 시뮬라시옹)

육신에 속한 자

　'육신에 속한 자'의 경우 그의 '삼각형의 욕망'의 구조의 특징은 중개자가 이중적이라는 점이다. 그는 예수를 믿고 교회 안에서 신앙생활을 하지만, 그래서 표면적으로는 예수 그리스도가 그의 삶의 모델이며 중개자이지만, 실제적으로는 세상혹은 시뮬라시옹을 욕망의 중개자로 섬기는 실제적 무신론자이다.[26] 이 '육신에 속한 자'는 겉으로는 신앙인처럼 행동하지만, 자신의 욕망이나 이익과 관련되는 모든 일상적인 순간들마다, 세상 혹은 시뮬라시옹을 자신의 욕망의 중개자로 선택하는 사람들이다.

---

26) 이론적으로는 하나님의 존재를 믿는다고 말하고 고백하고 그렇게 생각하지만 실제 삶에서는 '마치 하나님이 존재하지 않는 것처럼' 사는 사람이 실제적 무신론자이다. 강영안 교수는 한국교회 현실에서 심각한 것은 바로 이 실제적 무신론자들의 존재 때문이라고 지적한다. 이들은 교회 안에 있으면서 교회 밖에 있는 사람들에게 주의 백성의 공동체에 대한 신뢰를 떨어뜨리는 짓을 하는 사람들이다. 강영안, 신을 모르는 시대의 하나님(IVP, 2008), 89~90면 참조. 이 책에서 강영안 교수는 터지슨이 실제적 무신론자를 구분하기 위한 기준으로 제시한 네 가지 관점을 소개하고 있는데, 필자는 이 네 가지 중에서 특히 두 번째의 관점을 이 글에서 '실제적 무신론자'의 개념으로 사용하고 있음을 밝힌다. 이 두 번째 관점에서 볼 때 실제적 무신론자는 "신앙 고백을 하면서도 그의 세계관이나 철학, 삶의 가치가 하나님의 말씀에 의존하기보다는 세상 사람들의 철학과 가치관에 의존해 있는 사람"이다. 강영안, 같은 책, 91면.

지금 한국교회도 문화적 상황은 전혀 다르지만, 고린도교회처럼 세속화의 심각한 폐해를 경험하고 있다. 그동안 한국의 일부 교회에서 교회성장론과 같은 외형적이고 가시적인 성과만을 강조한 나머지, 신자들의 성화나 성숙의 측면을 소홀히 해온 결과, 한국교회 안에는 '육신에 속한 자'들 혹은 '육의 사람'들이 편만해 있다.

예수를 믿으면 〈연가시〉가 들어오지 않는가? 물론 그렇지 않다. 예수 믿는 자들도 '이 세대'를 본받지 말라고 한 말씀을 잊거나 무시하고 소비사회의 풍조를 본받게 되면 세속화의 〈연가시〉들이 얼마든지 들어올 수 있다. 구원받은 신자들도 세상 사람들과 마찬가지로 세상의 〈연가시〉가 침투해 들어온다. 어떤 사람에게 믿음이 없으면 〈연가시〉는 마음 놓고 들어오고, 믿음이 있으면 그 사람의 쓴뿌리나 연약함의 빈틈으로 들어오고, 믿음이 어중간하면 그 어중간한 틈으로 들어온다. 〈연가시〉는 내가 겸손했다가 교만해지면 이내 들어오고, 가난했다가 부귀해지고, 낮았다가 높아지고, 무명이었다가 유명해지면, 아주 쉽게 들어온다. 늘 가난해도 들어오고, 늘 부유해도 들어오고, 어중간한 중산층에게도 들어온다. 목사에게도 들어오고, 장로에게도, 안수집사에게도, 권사에게도, 서리집사에게도 들어온다. 세례교인에게도 들어오고 학습교인에게도 들어온다. 어떤 직분을 갖고 있든, 갖고 있지 않든, '신령한 자'가 아닌, '육신에 속한 자'에게 들어온다. 과거 '신령한 자'였다가도, 이 땅에서 형통하고 성공하면 자신도 모르는 사이에 자기를 과시하고 자랑하고 자아를 숭배하게 됨으로써, 한순간에 '육신에 속한 자'로 미끄러질 수도 있다. 하나님의 성령의 은혜로 교회가 성장하고 부흥되었는데, 그전에는 겸손했다가도 막상 교회가 부흥되고나자 그 부흥을 자신의 업적이나 공로로 생각하면서, 그 교회를 사유화하려는 목회자가 있다면, 그 교회에는 교만과 자기과시와 자랑의 세속화 〈연가시〉들이 떼거리로 몰려올 것이다.

이런 관점에서 세속화 문제를 다루는 이 글에서는 주로 '육신에 속한 자'와 관련된 얘기들만을 다룰 수밖에 없다. 신앙의 부정적이고 어두운 측면만을 주로 다룰 수밖에 없다는 얘기다. 세속화 문제를 논의하고 극복의 방안을 모색하기 위해서는 피할 수 없는 작업이다. 이런 사실을 세속화 문제를 다루고 있는 이 책을 읽는 독자들은 헤아려야 하리라.

세속화 문제와 관련하여 이 글은 모든 한국교회와 목회자와 평신도들을 비판의 대상으로 하지 않는다. 건강하고 건전한 성경관을 갖고서, 지금 현재 부흥이든, 정체이든, 마이너스 성장이든, '이 세대'를 본받지 않고 하나님 말씀으로 성령의 인도하심 가운데 교회를 지켜나가고 있는 목회자들과 평신도들이 이 땅에 적지 않게 존재하고 있다고 나는 믿는다. 배후에 있는 악한 영들과 싸우며, 또한 교회 안에 들어와 있는 '육의 사람'과 '육신에 속한 자'들이 일으키는 문제들을 놓고 기도하며 신앙의 순결성을 지켜나가고 있는 그런 교회들을 위해서라도, 한국교회 세속화 문제는 폭넓게, 깊이, 그리고 근본적으로 논의되어야 한다.

논의를 성경 해석의 문제로 초점을 좁혀서 생각해보면, '신령한 자'들이 성경의 저자의 권위를 인정하면서 성경을 해석할 때는 심각한 문제가 없겠지만 '육신에 속한 자'들이 성경을 해석할 때는 문제가 발생한다. '육신에 속한 자'들은 성경을 해석할 때도 육신에 따라 해석할 가능성이 높기 때문이다. '신령한 자'가 성경을 '이해의 영'으로서의 성령에 의지해서 성경을 해석할 경우[27], 성경의 저자의 의도를 성경의 원래의 의미대로 읽고 그 의미를 존중하게 된다. 그러나 '육신에 속

---

27) 케빈 벤후저, 김재영 옮김, 이 텍스트에 의미가 있는가(IVP, 2003), 46-47면.

한 자'가 자신의 욕망의 관점에서 성경을 해석할 경우 심각한 문제가 발생한다. 만약 그 '육신에 속한 자'가 설교자일 경우 그 교회는 세속화의 〈연가시〉들이 매주 몇 번씩 이루어지는 설교를 통해 대량 유입되고, 회중들은 거기에 무조건 아멘, 아멘 하는, 영적인 재앙을 피할 수 없게 된다.

사도 바울은 로마서 12장 2절에서 "너희는 이 세대를 본받지 말고 오직 마음을 새롭게 함으로 변화를 받아 하나님의 선하시고 기뻐하시고 온전하신 뜻이 무엇인지 분별하도록 하라"고 했다. 그런데 교회가 욕망 중심적으로 성경을 해석하여 소비사회의 풍조를 본받게 되면 어떻게 되겠는가? 마음이 새롭게 되어 변화를 받을 수 없게 된다. 오히려 교회가 현대 소비사회가 강요하는 욕망 충족의 환상에 사로잡혀 살아가는 '세상의 포로'가 되고마는 것이다. 그리고 이런 교회들의 경우 신자들의 자아는 소비욕망을 통해 무한히 부풀어 오르고 그 영혼은 점점 오그라들게 되는 것이다.[28]

세상이 요구하는 욕망에 사로잡힌 신자들은 이미 왕같은 제사장이 아니다. 왜냐하면 그들의 삶의 궁극적인 목적이 자기중심적인 욕망 충족에 있기 때문이다. 자기중심적 욕망충족과 우상숭배에 사로잡힌 신자들은 왕같은 제사장이 아니라, 소비주의에 미혹되어 사명을 상실한 채 소비를 그의 삶의 사명으로 삼고 살아가는 소비욕망의 노예들이다.

기독 신자는 소비 나르시시즘에서 벗어나 하나님 중심의 삶을 살아야 한다. 그리고 사명을 회복해야 한다. 신자의 행복은 하나님 안에 있다. 신자의 행복의 기준은 말씀이다. 그것이 참 행복이다. 하나님은 그분만이 주실 수 있는 행복으로 우리를 이끄시고 기뻐하신다.

---

28) 달라스 윌라드, 윤종석 옮김, 하나님의 모략(복 있는 사람, 2001), 267면.

그러므로 하나님 안에서 끊임없이 행복을 추구해야 한다. 행복의 기준을 세상에 빼앗기지 말고, 하나님의 방식으로 행복을 정의하고 하나님을 더 이상 실망시키지 않고 기쁘시게 해드리는 삶을 살아야 한다.[29]

예수를 믿는다고 하지만 시뮬라시옹에 사로잡힌 기독 신자는 육신에 속한 사람이다. 세상의 광고논리와 영상매체의 시뮬라시옹에 사로잡힌 기독 신자는 세상의 행복과 성공의 기준에 의해 자신의 행복과 성공의 여부를 결정한다. 말씀과 성령의 인도함을 받아 순종의 삶을 살지 못하고, 세상의 광고가 각종 미디어를 통해 조작하고 세뇌시키는 시뮬라시옹의 환상에, 우상에 사로잡혀서, 그것들을 행복과 성공의 기준으로 생각하며 살게 되는 것이다.

A. W. 토저는 자기를 사랑하면 자기우상숭배가 된다는 사실을 강조한다. 자아가 죽지 않아 자아를 내세우며 예수께 순종하지 않는 자는 예수를 '주主'라고 부르지 말라고 토저는 절규한다. 현대 교회의 신자들이 구원에 이르는 회개의 눈물 없이 '싸구려 영접주의'로 하나님 나라에 불법적으로 담을 넘어들어와 명목상의 그리스도인으로 행세하고 있는 현실을 그는 고발하고 있다. 참된 그리스도인은 그리스도인으로서의 삶에 대한 대가를 지불한다. 예수 혼자 죽은 십자가가 아니라, 그 십자가에서 자신도 같이 죽었음을 믿어야 한다.

---

29) 엘리제 피츠패트릭, 같은 책, 99면, 100면 참조.

욕망을 따라 살아가는 소비사회의 자기숭배의 문화는 성경을 심리주의적으로 오독하게 만듦으로써 수신자 중심적 성경 해석의 문제점을 극명하게 드러낸다. 성경의 저자의 의도가 중요한 것이 아니라 해석자자아의 욕망이 중요하기 때문이다. 자아중심의 인본주의적 심리학은 성경 속에 들어가 스스로를 제한하려고 하지 않는다. 자아중심의 인본주의 심리학은 오히려 성경을 수신자 개인 욕망의 틀 속에 가두려고 한다. 성경을 이렇게 수신자 개인의 욕망에 의해 왜곡할 때 심리주의적 성경 오독誤讀이 나타난다. 이러한 심리주의적 성경 해석은 교회의 세속화를 가속화한다.

.
.
.

소비사회와 성경해석
패러다임의 문제

성경해석 패러다임의 전환 혹은 변질

세속화란 무엇인가?

우리가 사용하는 '세속적'secular이라는 단어는 라틴어로는 '새쿨룸' saeculum으로서, 이 라틴어는 '시대'age를 뜻하는 헬라어 아이온aion에서 취한 단어다. 이 단어는 신약 성경에서 바울이 '오는 세상'the age to come과 구별해서, '이 악한 세대'the present evil age라고 칭했던 것을 가리킨다—"그리스도께서 하나님 곧 우리 아버지의 뜻을 따라 이 악한 세대에서 우리를 건지시려고 우리 죄를 대속하기 위하여 자기 몸을 주셨으니"(갈1:4). 기독 신자들은 하나님 나라가 현존하고 있지만, 충만하게 완성된 것은 아니라는 의미에서, '이때'와 '아직'의 긴장 속에서 살아간다.

세속화는 교회가 이 긴장을 스스로 깨뜨리고 포기할 때 발생한다. 세속화된다는 것은 교회가 '이 악한 세대'에 너무 깊이 연루되어 있고 고착되어 있고 기울어져 있어서, '오는 세상'의 일들을 한쪽으로 무시하고 밀쳐내버리는 것을 말한다.[30]

사도 바울은 로마서 12장 2절에서 "너희는 이 세대를 본받지 말고

---

30) 마이클 호튼, 김재영 옮김, 세상의 포로된 교회(부흥과 개혁사, 2006), 322면.

오직 마음을 새롭게 함으로 변화를 받아 하나님의 선하시고 기뻐하시고 온전하신 뜻이 무엇인지 분별하도록 하라"고 했는데, 교회가 이런 권고를 받아들이지 아니하고 '이 세대'를 본받고 따라가는 것이 세속화다.

우리가 살고 있는 '이 세대'는 어떤 시대인가? 반복해서 말하지만 이 시대는 소비사회이다. 그러니까 이 시대의 교회 세속화는 소비사회의 모든 풍조-시뮬레시앙의 숭배와 자기중심적 욕망을 우상화하는 풍조-를 본받고 따라가는 데서 필연적으로 발생하는 현상이라고 할 수 있다.

그런데 소비사회의 또 하나의 다른 중요한 특징 중의 하나는, 이전의 '생산' 중심의 사회에서 '소비' 중심의 사회로, 그 패러다임이 바뀌었다는 점이다. 이러한 패러다임의 변화는 사회의 모든 영역에 반영된다. 사람들의 가치관과 행동양식들이 '생산' 중심에서 '소비' 중심으로 옮겨지게 되었다.

이러한 현대사회의 패러다임의 변화는 성경 해석의 문제에서도 매우 중요한 의미를 갖는다. 이 변화는 성경해석이 생산자, 즉 성경의 저자 하나님의 권위를 인정하고 성경의 원래적인 의미를 찾고자 하는 발신자 중심적 성경해석에서, 독자반응을 중시하는 수신자 중심적 성경 해석으로, 그 중심이 옮겨지는 것을 의미한다.

문학에서는 이러한 패러다임의 변화를 'work'와 'text'의 개념 차이로 설명한다. 작품을 'work'로 보는 관점은 저자가 작품에서 말하고자 하는 고정된 의미가 있다고 생각하고 독자가 경배하고 존경하는 태도로 작가가 말하고자 하는 의도를 받아들인다는 개념이다. 반면 작품을 'text'로 본다는 것은 저자의 의도를 중시하던 태도를 벗어나 독자들이 작품을 읽는 과정에서 작품의 의미를 새롭게 창조해낸다는 의미를 갖는다. 독자들의 반응에 따라 작품의 의미가 비로소 결정되고 창조된다는 관점이다.

성경의 저자를 하나님으로 받아들이고 그 권위를 인정하는 발신자 중심적 성경 해석에서는 해석의 목표란 텍스트의 원래의 의미를 회복시키는 것이다. 원래의 의미만이 진정한 의미, 즉 저자의 실질적이며 권위 있는 의미가 된다.[31] 진정성을 만들어내고 보장해주는 존재로서 저자는 성경 속에서 의미를 명령하며 통제한다. "땅과 거기에 충만한 것과 세계와 그 가운데에 사는 자들은 다 여호와의 것이로다"(시편24:1)라는 말씀대로, 하나님은 존재의 저자이시며, 자연이라는 책의 저자이시다. 세계의 의미는 창조주의 손에 의해 새겨졌다. 세계를 지어내시는 분, 세계를 지탱하시는 분, 세계에 의미를 부여하는 차이점들을 만들어 유지하시는 분이 하나님이시다. 하나님은 모든 저자들의 저자이시며, 모든 권위들의 배후에 있는 권위다.[32] 성경은 그 모든 권위의 하나님께서 저자로서 말씀하시는 원래의 의미를 갖는다. 성경 해석에서 저자의 의도는 유일한 실질적 규범이며, 순전한 의견 일치를 위한 유일한 기준이고, 의미의 객관성을 보장하는 유일한 토대이다. 말씀의 의미를 결정하는 자는 저자이신 하나님이시다.[33]

반면에 성경의 저자의 권위를 인정하지 아니하는 수신자 중심적 성경 해석은 무엇인가? 독자 반응 비평에 의하면 성경은 독자가 구성하거나 혹은 해체하기 전까지는 의미가 미완결의 상태에 있다고 간주한다.[34] 독자가 성경의 의미를 찾아내고 결정하게 된다는 것이다. 독자

---

31) 케빈 벤후저, 김재영 옮김, 이 텍스트에 의미가 있는가(IVP, 2003), 67면 참조.
32) 케빈 벤후저, 같은 책, 71면 참조.
33) 케빈 벤후저, 같은 책, 71면 참조.
34) 케빈 벤후저, 같은 책, 45면 참조.

는 소비자일 뿐 아니라 의미의 생산자가 된다.[35]

이러한 수신자 중심적 성경 해석으로 기울게 되면, 성경 저자의 권위를 무시하거나 배제하고 수신자의 감정과 가치관과 욕망에 의해 성경의 의미를 자의적으로 해석하게 됨으로써, 궁극적으로는 성경의 통일성과 자증성과 명백성을 파괴하게 된다. 성경의 저자의 권위는 무력화되고, 원래의 의미는 파괴되고 해체되고 마는 것이다.

만약 이 시대의 성경 해석자들이, 강단을 맡고 있는 설교자들이 수신자 중심적 성경 해석의 관점에서 설교한다면 어떻게 되겠는가? 목회자 자신의 소비주의적 욕망과 성공주의의 욕망에 의해 성경을 자의적으로 마음대로 해석해서 메시지를 전한다면 어떻게 되겠는가? 그 메시지에 회중들이 아멘으로 화답하고 순종한다면 어떻게 되겠는가? 만약 그렇게 된다면 그 교회들은 로마서 12장 2절 말씀의 반대로 가게 될 것이다. 마음을 새롭게 하고 변화를 받기는커녕, 설교자나 회중이나, 모두 소비사회의 풍조를 본받아, 육신의 정욕과 안목의 정욕과 이생의 자랑에만 골몰하게 될 것이다. 하나님의 선하시고 기뻐하시고 온전하신 뜻을 분별하지 못하게 됨으로써, 자신의 삶을 하나님이 기뻐하시는 거룩한 산 제물로 드리는 영적 예배의 삶은커녕, 욕망의 노예가 되어 자아숭배와 우상숭배의 삶을 살게 될 것이다. 따라서 성경 해석 패러다임의 변질 문제는 너무나 심각한 문제가 아닐 수 없다.[36]

---

35) 케빈 벤후저, 같은 책, 238면 참조.

36) 물론 소비사회 이전에도 수신자 중심적 성경 해석은 얼마든지 있어 왔다. 조용기 목사님이 1960년대에 수신자 중심적으로 성경을 해석하고 있는 사실도 그 한 예들 중의 하나일 것이다. 여기서 강조하는 것은 소비사회 이후 수신자의 욕망에 의해 성경을 자의적으로 해석하는 경향이 보편화되고 확산되고 있다는 점이다.

수신자 중심적 성경 해석의 두 가지 예들
– 심리주의와 교회 마케팅주의

복음으로 위장된 심리주의적 성경해석
– 유아론적唯我論的 오독과 성공주의

욕망을 따라 살아가는 소비사회의 자기숭배 문화는 성경을 심리주의적으로 오독하게 만듦으로써 수신자 중심적 성경 해석의 문제점을 극명하게 드러낸다. 성경의 저자의 의도가 중요한 것이 아니라 해석자자아의 욕망이 중요하기 때문이다. 자아중심의 인본주의적 심리학은 성경 속에 들어가 스스로를 제한하려고 하지 않는다. 자아중심의 인본주의 심리학은 오히려 성경을 수신자 개인 욕망의 틀 속에 가두려고 한다. 성경을 이렇게 수신자 개인의 욕망에 의해 왜곡할 때 심리주의적 성경 오독誤讀이 나타난다. 이러한 심리주의적 성경 해석은 교회의 세속화를 가속화한다.

역사가인 제임스 히치콕은 세속화란 "세속화된 개인의 궁극적인 요구가 그 개인에게 도덕적 자율성을 절대적으로 허락하는 것"이며, "현대 영혼들이 겪는 가장 근본적인 질병은 유아론唯我論이다. 그것은 무한하게 자아를 확장시킴으로써 빈 우주를 채우려고 극성을 부리는 것"이라고 말한다.[37] 곧 세속화의 중요한 특징 중의 하나는 유아론, 자아를 무한하게 확장하고자 하는 욕망이 되는데, 이러한 유아론적 욕망에 입각한 심리주의적 성경해석은 세속화를 가속화하는 주범 중의 하나다. 근본적으로 기독교는 철저히 하나님 중심의 종교인데, 성경 해석에서 심리학적 자아개념, 즉 '나'가 강조되면 될수록 하나님은 잊혀지게 되고 기독교는 어느새 하나님 중심의 종교에서 '나' 중심의 종교로 바뀌게 된다.[38] 심리주의적 성경 해석은 성경의 저자로서의 하나님의 권위를 무효화하는 결과를 초래한다.[39]

성경을 심리적으로 해석하는 것은 단순히 방법론적인 문제로만 그치지 않는다. 성경을 심리주의적으로 해석하는 것은 신앙을 본질적으로 무너뜨린다고 표현될 정도로 성경 해석에서 심리학의 폐해는 심각하다.[40] 실로 한국교회는 이 심리학적 기독교에 의해 궤멸당했다고 봐도 과언이 아닐 정도로 심리주의적 성경해석의 폐해가 큰 것으로 간주되고 있다.[41]

그 한 예로 "미국교회와 한국교회를 오염시킨 긍정적 사고의 일등공신"으로 평가되고 있는 로버트 슐러 목사를 들 수 있다.[42] 로버트 슐러 목사가 시작한 수정교회가 숫자적으로 성공을 거두자 일약 그

---

37) 크라우스 보크월, 세속화와 세속주의에 대한 기독교적 기도, 목회와 신학(1989. 9.), 193면.

38) 옥성호, 심리학에 물든 부족한 기독교(부흥과 개혁사, 2007), 181면 참조. 옥성호 저자는 이 책에서 심리주의를 1)자기사랑, 2)긍정적 사고, 3)성공의 법칙 세 가지로 설명하고 있는데, 여기서는 그 중에서 '긍정적 사고'의 관점만 다루기로 한다. 그리고 저자는 이 책에서 긍정적 사고의 계보를 노만 빈센트 필─로버트 슐러 목사─조엘 오스틴(혹은 조이스 마이어)으로 파악하고 있는데, 여기서는 로버트 슐러 목사와 조엘 오스틴 목사의 경우만 간단하게 살펴보기로 한다.

39) 케빈 벤후저, 같은 책, 73-143면 참조.

40) 윤석준, 한국교회가 잘못 알고 있는 101가지 성경 이야기1(부흥과 개혁사, 2011), 123면.

41) 윤석준, 같은 책, 118면.

42) 옥성호, 앞의 책, 186면.

는 기독교 내에서 긍정적 사고의 대부로 등장하게 된다. 그런데 로버트 슐러 목사에게 성경이란, '나는 할 수 있다'는 식의 긍정적 사고를 지지하는 구절들을 수집할 수 있는 자료집 정도의 의미밖에 없다. 로버트 슐러 목사에게 성경은 중요한 의미를 갖지 않는다. 실제로 그는 성경 말씀만이 진리라고 주장하는 입장을 분명히 거부했던 사람이었다.[43]

그래서 심지어 사람들이 로버트 슐러를 전세계 개신교 목사의 대표 목사라고 부른다 해도, 개인적으로는 그를 성경이 말하는 참된 크리스천으로 인정할 수 없다는 주장까지 나오고 있을 정도다.[44] 다음에 나오는 로버트 슐러 목사의 말을 살펴보면 이 주장이 그렇게 심한 것이 아니라는 사실을 확인할 수 있다.

> 나는 이 세대의 책임이 종교를 "긍정적으로 만드는 것"이라고 믿습니다. …그러나 나는 긍정적이지 못한 단체들에게 많은 말을 해왔습니다. …심지어 우리가 근본주의자들이라고 부르는 사람들, 곧 죄, 구원, 회개, 범죄와 같은 말들을 계속해서 다루는 사람들에게도 그렇게 해왔습니다. 그래서 내가 이러한 사람을 다룰 때는 …우리가 해야 할 일은 고전적으로 부정인 해석을 해온 말들을 긍정적인 것으로 만드는 것입니다.[45]

성경에서 말씀하는 죄, 구원, 회개, 범죄 같은 말들을 "고전적으로 부정적인 해석을 해온 말들"로 간주하고 그 말들을 '긍정적'으로 바꾸고자 하는 것이 로버트 슐러 목사의 성경 해석(더 정확하게는 '성경 파괴'라고 표현하고 싶지만) 태도다. 그는 성경의 저자로서의 하나님

---

43) 옥성호, 앞의 책, 189면.

44) 옥성호, 앞의 책, 191면.

45) 데이브 헌트/T. A. 맥마흔 공저, 김문철역, 기독교 속의 미혹(도서출판 포도원, 1991), 169면에서 재인용.

께서 말씀하신 주요 내용들—죄, 구원, 회개, 범죄 같은 말들—을 부정하는 데서 그치지 않는다. 한 걸음 더 나아가 그 말들을 "긍정적인 것으로 만드는 것"을 자신의 사명으로 알고 있다. 성경을 긍정적인 심리학으로 개조하겠다는 의도를 노골적으로 드러내고 있다.

이런 의미에서 나는, 로버트 슐러의 교회성장세미나에 참석했다가 깊은 감명을 받고서 로버트 슐러를 자기 목회 사역의 모델로 삼고 있는 수많은 미국 목사들과, 로버트 슐러를 비롯한 미국 목사들의 말이라면 무조건 받아들이는 한국의 적지 않은 목회자들에게, 로버트 슐러가 어떤 사람인지를 알리는 작업이, 믿지 않는 사람들을 향해 선교지로 떠나는 것보다 더 중요하고 시급한 일일지도 모른다는 지적에, 전적으로 동의한다.[46] 이미 한국교회 안에, 한국교회 강단에 깊숙이 들어와 있는 로버트 슐러식 긍정주의와 성공주의의 망령을 제거해야 한다는 말이다.

이 글에서 노만 빈센트 필로부터 시작해서 로버트 슐러와 그 이후로 연결되는 미국 심리주의 계보를 일일이 다루고 싶은 의향은 없다.[47] 단지 수신자 중심적 성경 해석이 지니는 문제들을 미국 심리주의의 흐름 속에서 파악하는 일이 중요하다고 여기고 있을 뿐이다. 노만 빈센트 필이나 로버트 슐러의 후계자들이 여러 명이 있지만 그 중에서 가장 군계일학으로 떠오르고 있는 사람이 한국에도 널리 알려져 있는 조엘 오스틴 목사다. 가장 미국적이며 가장 자본주의적이며 가장 자신에 대해 무식할 정도로 솔직한[48], 그래서 로버트 슐러의 수제

---

46) 옥성호, 앞의 책, 195면.
47) 노만 빈센트 필과 로버트 슐러는 '당신의 사고를 바꾸라. 그러면 당신은 모든 것을 변화시킨다'는 주장으로 유명한 찰스 필모의 〈신사고〉를 교회에 전파한 인물들로 파악되고 있다. 데이브 헌트/T. A. 맥마흔 공저, 같은 책, 168면 참조.
48) 옥성호, 앞의 책, 198면.

자로서의 자격을 충분히 갖춘 사람이 바로 조엘 오스틴 목사다.

조엘 오스틴 목사는 하나님을 '긍정적'이라는 범주에 가두어놓는다. 성경에 나오는 여호와 하나님은 '긍정적'이라는 그의 심리학적 개념에 의해 오독誤讀되고 있다. 하나님의 주권이나 경륜이나 창조 목적같은 것은, 조엘 오스틴이 말하는 '하나님'의 개념에는 존재하지 않는다. 조엘 오스틴의 하나님은 철저히 '긍정'의 심리학적 개념 안에 갇혀 있다. 더 정확하게 표현하면 신구약의 여호와 하나님은, '긍정'의 심리학적 개념에 의해 철저히 왜곡되고 오독된다.

> 인생의 긍정적인 측면에 시선을 고정하라. 심리학에 의하면, 우리 삶은 우리를 지배하고 있는 생각을 따라간다고 한다. 기쁨과 평안, 승리, 풍요로움, 복이 우리의 생각을 지배하고 있으면 그런 긍정적인 요소들과 우리 삶은 자석처럼 서로를 끌어당긴다. 한마디로 우리 삶은 우리 생각을 따라간다.[49]

조엘 오스틴 목사는 성경의 대부분의 진리에 대해서는 관심이 없다. 그는 자아중심적 심리학에 의해, '생각'으로, '삶'을 바꾸려는 심리주의적 성공주의에 도취되어 있다. 성경의 전체적인 문맥을 통해 말씀하시는 하나님에 대해서는 도무지 관심이 없다. 그는 또한 성경의 전체적인 문맥뿐만 아니라 가까운 문맥에도 관심이 없는 것으로 보인다.

> 믿음운동 설교자들(여기서는 미국의 심리주의 계열의 목사인 조엘 오스틴과 조이스 마이어를 의미함-필자)이 지닌 공통적인 특징 가운데 하나가 있다면 성경을 그 의도된 문맥에서 읽지 않는다는 것이다. 그들은 본문을 문맥 밖으로 가지고 나가서, 믿음 신학 환타지로 만든다. 조엘 오스틴과 조이스 마이어는 로마서 4장 17절-"기록된 바 내가 너를 많은 민족의 조상으로 세웠다 하심과 같

---

49) 조엘 오스틴, 엔터스 코리아 옮김, 긍정의 힘(두란노, 2005), 128면.

으니 그가 믿은 바 하나님은 죽은 자를 살리시며 없는 것을 있는 것으로 부르시는 이시니라"-을 앞뒤 문맥에서 떼어내서 추종자들을 설득하는 하나의 근거로 사용한다. 이들은 이 구절이 믿음의 힘으로 "없는 것을 있는 것처럼" 부를 수 있음을 말하고 있다고 주장한다. 달리 말해서 그들이 말하는 믿음의 관점에서는, 말만 하면 다 현실이 된다는 것이다. 그러나 주변 문맥을 볼 때 로마서 4장 17절은 그런 말을 하고 있지 않다. 바울은 오히려 그 반대로 말한다. "우리가 아니라 생명을 주시는 하나님이 없는 것을 있는 것처럼 부르신다."[50]

조엘 오스틴 목사가 관심을 갖는 것은 저자로서의 하나님께서 성경에서 말씀하시는 원래의 의미가 아니다. 그가 관심을 갖는 것은 대중의 본능적 욕망이다. 그래서 그는 쉽사리 성경에서 이탈한다.[51] 조엘 오스틴 목사는 성경 저자의 의도를 찾는 해석에는 전혀 관심이 없다. 그는 "그저 텍스트를 써먹기만 하면 된다"고 생각하는 실용주의적 입장을 갖고 있을 뿐이다.[52] 그는 성경의 전체 문맥과 가까운 문맥을 깡그리 무시하고, 필요할 때마다 성경 구절을 가끔씩 끌어와 써먹는 것도 성경의 해석의 일종이라고 생각하는, 성경 발췌주의자이다. 바꾸어 말하면 조엘 오스틴 목사의 이러한 태도는 성경 해석에서 피해야 할, 부정적인 의미에서의 '전거典據 삼기'prooftexting로 볼 수 있다. 전거典據란 말이나 문장의 근거가 되는 문헌상의 출처를 뜻하는 말이다. 그런데 조엘 오스틴 목사가 자신의 주장의 근거로 인용하는 성경 구절들은 전혀 성경의 문맥에 맞지 않기 때문에, "문맥에 맞지 않는 본문은 전거를 위한 핑계일 뿐이다"라는 비판에서 결코 자유로울 수

---

50) 행크 헤네그래프, 김성웅 옮김, 바벨탑에 갇힌 복음(새물결플러스, 2010), 381면.

51) D. A. 카슨, 김명호역, 교회와 문화, 그 위태로운 관계(도서출판 국제제자훈련원, 2009), 208면.

52) 케빈 벤후저, 같은 책, 45면 참조.

없다.[53] 자신의 주장을 뒷받침하기 위해 별 관련도 없는 성경 구절을 임의로 사용하는 것은 성경의 권위를 함부로 오용하는 잘못을 범하는 것이며[54], 자신의 생각을 뒷받침하기 위해 성경의 권위를 강탈하는 것이다.[55]

조엘 오스틴 목사는 그의 정신적 스승 로버트 슐러 목사와 마찬가지로, 단지 자신이 '긍정'이라고 생각하는 틀에 들어맞는 하나님에만 관심이 있다. 반복해서 말하지만, 그는 성경의 발신자, 하나님의 원래적인 의도에는 전혀 관심이 없다. 성경에서 '긍정적 사고'와 관련되는 구절들 몇 개만, '긍정적 사고'를 뒷받침하는 '긍정적' 사례로서 인용하면 그만이다. 그야말로 성경 모독이며 성경의 저자이신 성령에 대한 모독이다. 그는 성경을 오독하는 정도가 아니라, 성경을 '긍정적 사고'라는 단 하나의 개념에 의해 해체해버린다. 그는 하나님 말씀을 수종드는 목사가 아니라 성경 파괴자다. 그는 왜 하나님이 인간을 구원하시기 위해 그토록 복잡한 과정들, 선지자들의 예언, 예수님의 성육신, 십자가의 죽음, 부활, 초대교회와 순교 등을 거치셨는지에 대해서는 아무런 관심이 없다. 그에게 기독교의 하나님은, 그냥 만사에 긍정적이시며, 만사에 인간을 축복하시기 위해 존재하실 뿐이다. 그러니 조엘 오스틴 목사의 설교에는 죄니 십자가니 하는 주제는 거

---

53) 필자가 이 책에서 사용하는 '문맥'의 의미는 정확하게 '문학적 문맥'을 가리킨다. 문학적 문맥이란 개개의 구절을 둘러싼 본문을 가리킨다. 이것은 해당 구절의 앞뒤에 위치한 문장들로부터 시작하여 문단, 장, 그리고 성경의 전체까지 확장되는 일련의 동심원들로 그려질 수 있다. 이 각각의 동심원들이 해당 구절과 문장의 의미에 관여할 수 있다. 특정 구절이나 문장의 의미는 거기에 담긴 단어들과 그 상호관계에 의해서만 결정되는 것이 아니라, 그것을 둘러싼 문맥에 의해 결정된다. 문학적 문맥을 무시하는 자는 성경 본문을 곡해하며 오용하는 단계로 나아가게 된다. 리처드 L. 슐츠, 김태곤 옮김, 문맥, 성경이해의 핵심(아가페북스, 2014), 77~78면 참조.

54) 리처드 L. 슐츠, 김태곤 옮김, 문맥, 성경이해의 핵심(아가페북스, 2014), 76면 참조.

55) 리처드 L. 슐츠, 김태곤 옮김, 같은 책, 248면.

의 등장하지 않는다. 그는 언제나 자신이 이해가 안되는 부분에 대해서는 그냥 눈을 감아버리고 자신이 옳다고 생각하는 부분만 강조한다.[56]

조엘 오스틴 목사가 말하는 '긍정'이란 개념은 소비사회에서 말하는 세상적인 풍요와 성공과 행복, 그리고 평안을 획득하기 위한 심리학적 장치로서의 의미를 지닌다. 그에게는 '자아'가 신이며 세계의 중심이다. 그의 설교의 일부를 들어보면 이 점은 쉽게 확인될 수 있다.

> 하나님은 인간을 위해 세상에서 일할 허가를 받아야만 합니다. 당신이 바로 그 조정을 할 수 있습니다. 그 힘과 권한은 사람이 갖고 있습니다. 하나님은 더 이상 가지고 있지 않습니다. 사가랴에게 자식을 허락하시고 9개월간 벙어리로 만드신 이유는 무엇입니까? 바로 사가랴가 부정적인 말을 해서 하나님의 계획을 망칠지도 모르는 가능성을 제거하기 위해서였습니다. 하나님은 사가랴의 부정적인 말이 하나님의 계획을 멈추게 할 수 있음을 알고 계셨습니다. 우리가 말함으로 하나님은 우리를 축복할 수도, 그렇지 않을 수도 있습니다. 결국 죽음과 삶은 당신의 혀에 달려 있습니다.[57]

> 기억하십시오. 우리의 하는 말은 바로 예언이 되고 바로 성취가 될 것입니다. 우리의 말로 우리는 무엇이 닥칠지 알 수 있습니다. 왜냐하면 내가 하는 말이 나의 미래가 되기 때문입니다. 우리는 미래를 예언하고 미래를 만들 수 있습니다. 당신의 말로 미래를 만들어야 합니다. 좋은 것들을 부르십시오. 승리를 부르십시오. 건강을 부르십시오. 행복이 넘치는 삶을 부르십시오. 그것이 바로 당신의 미래, 당신의 현실이 될 것입니다.[58]

조엘 오스틴에게 모든 것을 결정하는 것은 '자아'이다. 자아가 신이다. 하나님은 인간을 위해 일할 권한과 힘이 없다. 하나님은 인간에

---

56) 옥성호, 앞의 책, 200면..
57) 옥성호, 앞의 책, 227–228면.
58) 옥성호, 앞의 책, 228면.

게 '허가를 받아야만 할' 존재이며, "그 힘과 권한은 사람이 갖고 있다"는 것이다. 이처럼 조엘 오스틴은 하나님을 성경의 문맥에서 이해하는 것이 아니라, 자아중심적 심리학적 개념으로 파악함으로써 성경을 철저히 파괴한다. 물론 그도 책에서, 설교에서, '하나님'을 언급하기도 하고, '믿음'을 강조하며, '말씀'이라는 단어를 사용하기도 한다. 그러나 그가 말하는 '하나님', '믿음', '말씀'은 철저히 긍정적 자아에 종속된다. 그가 말하는 '믿음'은 주 예수 그리스도를 자신의 주님으로 믿는 믿음이 아니다. 자기가 잘 될 것을 믿는, '긍정적' 태도와 '성공지향적' 태도가 그가 말하는 '믿음'이다. 모든 길은 로마로 통하고, 조엘 오스틴에게 모든 성경 해석은 '긍정'으로 통한다. 말씀을 가져오기는 가져오는데, 철저히 자신의 자아 중심적 욕망에 의해 오독하고 파괴하는 것이다.

> 긍정은 아무리 강조해도 지나치지 않다. 하나님이 바로 긍정적인 분이시기 때문이다! 하나님께서는 부정적인 면이 조금도 없다. 하나님의 뜻대로 살고 하나님이 원하시는 사람이 되려면 반드시 하나님의 비전과 우리의 비전을 일치시키고 긍정적인 마음 자세로 사는 법을 배워야 한다. 매순간 좋은 면을 바라보아야 한다.[59]

조엘 오스틴 목사의 논리에 의할 때, "하나님의 뜻대로 살고 하나님이 원하시는 사람이 되려면 반드시 하나님의 비전과 우리의 비전을 일치시키고 긍정적인 마음 자세로 사는 법을 배워야 한다". 하나님의 비전을 자아중심적 '긍정'의 비전으로 바꾸는 것이, 하나님의 뜻대로 사는 것이라는 말이다. 조엘 오스틴 목사의 관점은 오독의 수준을 넘어서 수신자 중심적으로, 자아의 욕망에 의해 성경을 철저히 파괴하

---

59) 조엘 오스틴, 같은 책, 127면.

고 왜곡하고 있다. 한마디로 말해서, "어쨌든 하나님은 당신을 사랑하신다"는 '그의 메시지는 거짓 복음'이다.[60]

〈잘 되는 나〉라는 그의 저서를 보면, 이런 자아중심적 심리학은 보다 노골적으로 분명하게 나타난다. "그저 하나님이 주신 잠재력을 활용하고 하나님이 원하시는 일을 하기만 하면 된다. 우리 안에는 이미 무한한 능력이 있다."는 식으로 개인적 자아의 '잠재력'이 강조되면서, 마침내 '긍정'은 마침내 지상적인 차원을 넘어서 천상적인 차원을 획득하게 된다.

> 성경은 "위에 있는 것들을 생각하라"라고 말한다. 나는 위에 있는 것들이 긍정적인 것들이라고 믿는다. 그러므로 우리는 매일 아침에 눈을 뜨자마자 무엇보다도 마음이 올바른 방향을 향하도록 해야 한다. 이를테면 성공과 승리를 떠올려야 한다. 오늘을 즐겁게 살기로 결단한 후에 더 높이 올라 하나님의 제트기류에 편승해야 한다.[61]

조엘 오스틴 류의 심리주의는 복음주의를 위장하여 자아의 숭배와 성공주의 신화를 강조한다. 조엘 오스틴은 꽤나 설득력을 갖춘 성공학 강사다. 그러나 그가 세상적인 성공과 행복의 길을 갈파하는 장소가 교회 건물 안에 있는 강단이라는 점에서, 불행하게도 그는 성경 말씀을 수신자 중심적으로, 인본주의적으로, 심리주의적으로, 성공주의적으로, 왜곡하여 전달하는 거짓 선지자이다. 조엘 오스틴 목사의 성경 해석을 '삼각형의 욕망' 도식으로 그려보면 다음과 같이 될 것이다.

---

60) 마이클 호튼, 김성웅 옮김, 그리스도 없는 기독교(부흥과 개혁사, 2013), 101면.

61) 조엘 오스틴, 잘되는 나(정성묵 옮김, 두란노서원, 2009), 329면.

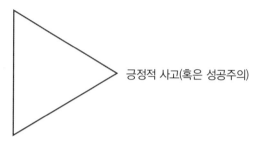

'잘 되는 나'(혹은 잘 되고 싶은 '나')

긍정적 사고(혹은 성공주의)

조엘 오스틴(혹은 그의 해석을 추종하는 신자)

이 그림을 볼 때 그의 〈긍정의 힘〉이라는 책의 제목이 욕망의 중개자의 관점을 암시하고 있고, 그의 〈잘 되는 나〉라는 책의 제목이 욕망의 대상의 관점을 암시하고 있다는 사실은 매우 흥미로운 일이다. 조엘 오스틴 목사의 욕망의 중개자는 예수 그리스도가 아니다. 심리주의에서 전제하는 자아의 무한한 확장에 의한 자아숭배의 우상, 즉 긍정적 사고와 성공주의가 그의 욕망의 중개자이다. 그가 아무리 성경 구절들을 인용하고 나열해도 그것은 '전거 삼기'에 불과할 뿐이며, 자신의 견해를 성경 근거에 두려는 의식적인, 혹은 무의식적인 충동에 지나지 않는다.[62]

이런 의미에서 필자는 조엘 오스틴 목사가 엄밀한 의미에서 기독신자가 아니라고 보는 관점에 동의하고 싶다. 만약 그렇지 않다면, 그는 '잘 되는 나'를 자화자찬하며 긍정적 사고의 자기도취에 빠져 있는 '육신에 속한 자'이다.

---

62) 리처드 L. 슐츠, 김태곤 옮김, 문맥, 성경이해의 핵심(아가페북스, 2014), 247면.

복음을 희석시키는 마케팅주의의 성경 해석
– 소비자 중심적 필요 충족의 유사 복음

교회를 마케팅의 대상으로 보는 마케팅주의는 교회성장학에서 시작되었다. 도널드 맥가브란이 교회성장학의 문을 연 이후, 교회의 목표는 영혼 구원이나 선교 명령의 순종이나 세계 복음화에서, '교회 성장'으로 바뀌기 시작했다. 맥가브란은 '교회 성장'을 세계 복음화라는 목표 달성 여부를 평가할 수 있는 구체적인 측정 대상으로 파악했다. 세계 복음화가 되었는지 안 되었는지 어떻게 알 수 있는가는 교회 성장을 통해 알 수 있다는 것이다.

그런데 여기에는 아무리 많은 전략, 전술, 인원, 재정을 쏟아 붓더라도 교회가 성장하지 않으면 그 모든 것이 헛수고라는 전제가 깔려 있다. 교회는 교회 성장을 우선 순위에 두어야 하고, 교인 숫자 증가에 초점을 맞추어야 한다는 게 교회성장학의 기본 전제다. 도널드 맥가브란은 세계 복음화를 도표와 통계로 수량화하고, 그 숫자와 그래프를 끌어올려야 할 것을 역설했다. 그리하여 결과적으로 맥가브란은 교회 성장을 하나님의 역사나 섭리로 보지 않고 인간의 성취의 대상으로 보는 교회성장학의 원조가 되었다.[63]

당초 맥가브란의 교회 성장학은 선교 전략적인 목표를 갖고 있었다. 세계 복음화를 위한 전략의 일환으로서 교회 성장학을 주창했던 것이다. 그러나 점차 그 이후 교회 성장학은 성장의 수단으로서 세속적인 경영 기법을 받아들임으로써 경영 테크놀로지와 마케팅 기법을 도입하는 교회 성장학으로 변모되기 시작한다. 그리하여 교회는 '사명'을 찾아내고, 그 다음으로는 사명을 성취 가능한 '목표'로 전환해

---

63) 신광은, 메가처치 논박(도서출판 정연, 2010), 71–72면 참조.

야 하며, 성취 가능한 목표가 수립되면, 이를 위한 마케팅, 경영 혁신, 자원의 효율적인 안배와 활용 등의 전략이 수립되어야 한다. 그리고 전략 실행과 그에 따른 성과 측정, 평가가 뒤따라야 하며, 그에 맞는 인사 조치가 이루어지고, 이 모든 것을 수행할 수 있어야 한다는 등등의 세속적인 경영 기법 원리가 교회 내에 들어오게 되었다. 이후 피터 와그너에 의해 새로운 교회 성장학이 나타나게 되고, 로버트 슐러의 '통속적 교회성장 상술'이 등장하게 된다.[64]

교회성장운동은 그 본래적인 취지는 복음적인 것으로 시작되었지만, 점차 성장 자체가 목적이 되면서 교리나 신학보다는 교인 개개인의 필요를 채우는 것을 중시하게 되었다. 일종의 고객중심주의의 세속적 경영 마인드가 목회 현장에 반영되기 시작한 것이다. 그리하여 교회성장운동은 회개와 중생의 복음보다는, 듣기 편한 메시지만을 전함으로써 성숙하지 못한 교인들을 양산할 뿐이라는 비판에서 자유로울 수 없게 되었으며, 점차 자본주의와 물량주의, 개인주의 문화에 영합하는 번영신학의 성격을 띠어가게 되었다.[65]

교회 마케팅의 대부라고 불리는 조지 바나는 미국 교회 성장의 둔화 현상을 타개하기 위해서는 교회 마케팅이 필요하다고 주장했다. 그는 "교회가 안고 있는 큰 문제는 점점 마케팅 방향으로 변해가는 환경 속에서 교회가 마케팅 지향적 방침을 결정하지 못하고 있는 것이 실패의 원인"이라고 보았다.[66] 그에게 교회 마케팅이란 교회가 목표로 하는 사람들의 영적, 사회적, 정서적, 물질적 필요를 충족시킴으로써, 교회의 사역 목표를 달성하도록 하기 위한 목적으로, 목표

---

64) 신광은, 같은 책, 74–81면 참조.
65) 신국원, 문화이야기(IVP, 2008), 172면.
66) 옥성호, 마케팅에 물든 부족한 기독교(부흥과 개혁사, 2009), 37면 재인용.

고객들에게 영향을 미치기 위해서 교회가 수행해야 하는 모든 사업 및 사역 활동을 가리킨다.[67] 이런 관점에서 조지 바나는 기독교 사역을 "삶의 문제들을 향해서 성경적 해결책을 공급함으로 인간의 진정한 필요를 채워주는 것"이라고 정의한다.[68] "사람들이 느끼는 필요 felt-needs를 충족시키는 것"이 마케팅 교회 사역의 핵심이라는 것이다.

그러니까 마케팅 교회의 개념은 "마케팅을 필요로 하는 상품을 갖고 있는 교회"가 된다. 교회의 상품은 무엇인가? 복음이다. 그러니까 복음을 마케팅하는 교회가 마케팅 교회다. 복음을 마케팅하기 위해서는 어떤 교회처럼 교회 내 흡연실을 만드는 파격적인 마케팅도 불사한다. 크리스마스 명절이 주일과 겹친 시기에는 교회가 주일예배를 포기하고 가정에서 예배볼 수 있도록 DVD를 제작해서 공급하기도 하며, 대형몰에 위치한 원형홀에서 예배를 드림으로 할렐루야가 아니라 '일요일 몰렐루야Mallelujsh'라는 제목의 기사가 지역 신문에 실리게 할 정도로, 공세적이고 적극적인 마케팅과 고객 서비스가 제공된다.[69]

마케팅 교회의 강조점은 소비자(교회 다니지 않는 사람들)가 필요하다고 생각하는 것에 맞춰져 있다. 극단적인 고객중심, 소비자 중심이다. 하나님이 원하시고 하나님이 불신자들에게 필요하다고 성경에서 말씀하는 것에 강조점이 놓여 있지 않다. 달리 말해 마케팅 교회는 하나님 말씀 대신 투표, 여론조사, 그리고 최신 경영 기법의 기초 위에 세워진다. 구원받지 못한 소비자에게 교회를 마케팅하기 위해서

---

67) 조지 바나, 김광진 옮김, 마케팅이 뛰어난 교회가 더 성장한다(베다니출판사, 2002), 72면.

68) 옥성호, 마케팅에 물든 부족한 기독교(부흥과 개혁사, 2009), 38면 재인용.

69) 옥성호, 마케팅에 물든 부족한 기독교, 50-54면 참조.

는, 소비자가 원하는 것을 반드시 손에 쥐여 주어야 한다. 그런데 구원받지 않은 소비자는 하나님 또는 하나님과 관련된 것들을 갈망하지 않기 때문에, 교회는 교회를 낯설어하는 사람에게 매력적으로 보이기 위해서, 교회의 정체성을 바꾸거나 최소한 숨기려는 유혹을 받는다. 더 나아가 마케팅 교회는 불신자가 듣기 원하는 것과 스스로 필요하다고 생각하는 것을 제공하기 위해, 진정한 복음의 메시지를 변질시키려는 유혹을 받게 된다. 불신자를 그리스도께로 이끌기 위해 노력을 기울이는 가운데, 불신자의 타락한 본성에 호소하는 필요 중심의 복음만이 최종적으로 남게 되는 것이다. 그리고 이렇게 될 때 불신자는 충족받아 뿌듯할 수 있을지 모르나, 과연 교회가 마케팅에 성공하는 동시에, 성경적인 진실함을 상실하지 않을 수 있을 것인가, 라는 문제가 제기될 수밖에 없다.[70]

교회 마케팅의 관점에서 불신자들에게 교회가 접근할 때 불신자들이 갖게 되는 욕망의 구조는 다음과 같게 된다.

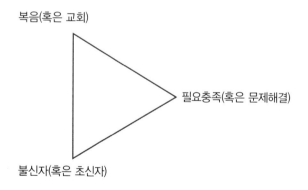

위의 '삼각형의 욕망' 도식에 의하면 불신자혹은 초신자는 순수하게 복음을 열망하지 않는다. 왜냐하면 교회가 마케팅에 의해 필요충족

---

70) 게리 길리, 김성웅 옮김, 마케팅교회 무엇이 문제인가(부흥과 개혁사, 2010), 63면 참조.

이나 문제해결을 일종의 복음으로 암시하고 있기 때문이다. 일단 이렇게 필요충족이나 문제해결이라는 '간접화된 욕망'에 의해 복음을 바라보게 된 불신자혹은 초신자는 나중에 교회가 필요충족이라는 중개자를 예수 그리스도의 십자가의 복음으로 바꾸기 시작할 때, 그것을 받아들이기보다는 거부할 가능성이 훨씬 크다. 교회 마케팅을 시도해서 성공을 거두었다고 세간의 평가를 받던 릭 워렌 목사가 자신의 마케팅 전략 자체를 철회하고 회개한다고 선포한 사실은 이러한 교회 마케팅의 역기능을 자신의 목회 현장에서 절감했기 때문이었다.

복음이 상품화될 때 어떤 문제가 발생하는가? 당연히 복음이 변질될 수밖에 없다. 효과적인 판매를 위해서는 상품의 강점은 최대한 부각시키고 약점은 철저히 감추어져야 한다. 문제는 복음 속에는 고객들이 좋아하지 않는 약점이 너무 많다는 점이다. 있는 그대로 팔기가 매우 어려운 상품, 한마디로 복음은 상품으로 팔기에는 하자가 너무 많다. 고객들이 부담스러워 하고 거부감을 느끼는 요소가 너무 많다. [71]

죄라는 말을 고객들은 좋아하시지 않는다. 지옥이라는 말은 더욱 그렇다. 예수 그리스도의 속죄의 보혈과 십자가의 개념을 고객들이 좋아할 리가 만무하다. 공의의 하나님, 심판, 회개, 자기 십자가를 지고 나를 따르는 말씀 등등, 복음의 이런 핵심 가치들을 고객님들이 좋아할 리가 없다. 그래서 교회 마케팅의 관점에서 설교하는 목회자는, 요즘 유행하는 말처럼, 고객님 많이 당황하셨죠, 설교자가 고객님들 앞에서 감히 지옥 운운하다니, 저도 그 말을 하기는 하면서도, 솔직히 속으로는 많이 당황했습니다, 앞으로 고객님의 마음을 부담스럽게 하는 말은 삼가고, 고객님을 기분 좋게 해드리는 일에 최선을

---

71) 옥성호, 마케팅에 물든 부족한 기독교(부흥과 개혁사, 2009), 173면.

다하겠습니다. 이런 감언이설을 내세우면서 고객들과의 관계성을 중시하고, 필요를 충족해주는 일에만 집중하게 되는 것이다. 이런 마케팅적인 관점에 서게 될 때, '죄'라는 말이나 '죄인'이라는 말은 왕이신 고객님들에게 너무나 불경스럽고 부담스러운 말이 된다. 그래서 '죄'라는 말 대신에 '낮은 자존감'이라는 심리학적 용어가 사용되고, 죄인이라는 말 혹은 불신자라는 말 대신에 '교회 안 나오는 사람'이라는 표현이 사용된다. 그리고 하나님은 그저 '나에게 축복만 주시는 사랑의 하나님'으로 격하되고 모독받게 되는 것이다.[72]

이런 교회 마케팅의 관점에서 성경을 해석할 때 성경의 원저자인 발신자, 저자—아버지가 원래적으로 의도한 의미는 무시되고, 성경의 권위는 파괴된다. 성경에 나타난 발신자의 본의本意를 존중하는 해석은 배제되고, 성경 본문의 의미와는 상관없이 마케팅 효과를 극대화할 수 있는 방법에만 초점을 맞추게 되기 때문이다. 그리고 이렇게 될 때 성경 말씀은 마케팅 성공을 위한 부수적인 장식물로 전락하고 만다.

마케팅의 대전제는 소비자가 만족해야 한다는 것이다. 소비자는 행복해야 하고, 필요한 것을 얻어야 한다. 이것이 마케팅 교회의 성공의 조건이다. 그런데 복음, 예수 그리스도의 십자가와 같은 기독교적 진리는 마케팅이 불가능한 것이다. 거기다가 시장이론은 소비자의 필요가 최우선적인 것이며 소비자는 항상 옳다는 전제에서 출발하지만, 성경은 이런 전제가 진리가 아님을 말씀하고 있다. 인간은 죄인이며 그 욕망은 타락한 것이라고 말하고 있다. 그러므로 본질적으로 기독교의 진리는 소비자의 필요와 흥미에 호소하는 방식으로 판매될

---

72) 옥성호, 마케팅에 물든 부족한 기독교(부흥과 개혁사, 2009), 172–195면 참조요.

수 없다.[73]

　교회 마케팅주의는 세상을 그리스도 세계로 돌려놓기 위해서는, 먼저 세상의 관심을 사야 한다는 편견을 갖고 있는 기독교인들이 선호할 수 있는 방법이다. 세상이 우리를 좋아하게 되면 우리의 구주를 영접할 것이다, 이것이 소비자 중심의 교회운동에 놓인 철학이다. 그러나 이런 소비자 중심적 접근은 진정한 복음이 아닌 유사 복음을 낳게 된다. 사람들의 필요를 채워주는 마케팅 전략을 교회에 도입한 마케팅교회가 가진 문제점들 중의 하나는 복음을 희석화시키는 일이다. 로버트 슐러 목사의 수정교회는 주기도문 중에서 "우리 죄를 사하여 주시옵고"라는 부분을 아예 빼버렸다. 그는 죄를 열등한 자아상의 반영으로 파악하고 있었기 때문에, 죄에 대해 언급하는 것조차 금기시해버렸던 것이다.

　로버트 슐러 목사는 "종교개혁은 인간 중심적이라기보다는 하나님 중심적인 신학을 주장하는 잘못을 범했다."고 선언했다. 심지어 죄에 대한 개념을 "인간 존재에 대한 모독"이라고까지 말했다. 그럼에도 불구하고 여전히 로버트 슐러는 자신을 복음주의자이며 개혁주의자라고 자처했다고 하는데, 이보다 더 심각한 문제는 많은 사람이 그의 교회성장론을 신봉하면서, 어떻게 하면 그의 목회를 닮을 수 있을까를 배우고 따랐다는 사실이다. 로버트 슐러 목사 류의 교회성장론을 맹신하는 목회자들은 다음과 같은 마이클 호튼의 탄식에 귀를 기울일 필요가 있다.

　　영광은 교회를 떠났다. 왜냐하면 복음이 교회를 떠났기 때문이다. 복음이 교회에서 무시되고 있기 때문이다. 교회에서 하나님의 이름과 하나님 나라와 하

---

73) 게리 길리, 같은 책, 59–60면 참조.

나님의 권세와 영광이 우리 인간 자신의 진행 일정과 우선순위와 목표와 자기를 영화롭게 하는 관심들로 대체되었기 때문이다. 자아의 영광을 읊조렸던 소수의 르네상스 신비주의자들을 제외하고는, 종교개혁자들은 결코 오늘날 우리 시대와 같이 자아에 대해 집착하지 않았다. 진실로 우리는 우리 선배들의 하나님 중심적인 초점을 회복시켜야 한다. 결국 따지고 보면 세속주의의 핵심은 자아 중심적인 생활철학이다. 그러므로 교회는 세상과 함께 그 무릎을 꿇고서 회개해야 한다.[74]

복음 마케팅의 문제는 복음을 전파하는 사명을 가진 교회가 복음을 마케팅하기에 여념이 없는 나머지, 복음의 가치를 그만큼 하찮은 개념으로 전락시키는 결과를 초래하고 있다는 사실이다. 마케팅 교회는 복음을 과소평가한다. 교회 마케팅주의자들에게 성경의 복음은 "내가 복음을 부끄러워하지 아니하노니 이 복음은 모든 믿는 자에게 구원을 주시는 하나님의 능력이 됨이라 먼저는 유대인에게요 그리고 헬라인에게로다"라고 로마서 1장16절에서 말씀하는 그런 의미가 아니다. 교회 마케팅주의자들은 소비자들에게 그들의 필요를 충족시켜주는 미끼를 던진 후, 그들이 잠시 만족해하거나 행복해하는 그 순간, 진짜 복음을 부끄러운 듯이 꺼내, 끼워팔기를 시도하는, 1+1 상술의 전략가들일 가능성이 높다. 하지만 그들이 부끄러워하며 소비자에게 제시한 그 복음이란 것도, 실상은 너무 지나치게 소비자의 비위와 취향과 기분에 맞춰 마케팅된 것이기 때문에, 이미 순수한 복음의 정신을 잃어버린, 마케팅 상품으로 전락되었다고 봐야 한다.

교회에 마케팅 이론을 적용하려는 목적은 교회성장이다. 그러나 그 성장은 복음을 희석시키고 스스로 복음의 복음됨을 포기하는 결과를 초래한다. 복음이 중요한 것이 아니라, 성장이 중요하고 그래서

---

74) 마이클 호튼, 김재영 옮김, 세상의 포로된 교회(부흥과 개혁사, 2006), 343면.

교회의 교인들의 숫자가 중요해진다. 복음이 진리가 아니고 숫자가 진리가 된다. 교회 마케팅의 관점에서는 '작거나 성장이 멈춘 교회'는 '일종의 질병'에 걸린 것으로 파악되며, 이 "질병은 마케팅이라는 약을 통해 얼마든지 치료될 수 있다고 본다."[75]

마케팅이 교회에 도입되는 순간, 가치중립적이던 숫자는 가치의 핵심으로 돌변한다. 큰 것이 옳고 진리라는 기업의 가치가 무방비 상태로 교회 속에 들어오는 것이다. 그러니까 교회가 마케팅에 의존한다는 것은 단순히 효율성의 문제에만 그치지 않는다. 교회가 마케팅에 의존하게 될 때 그 교회는 교회가 마땅히 가져야 할, 숫자 너머에 존재하는 초월적 가치에 대한 갈망을 상실하게 되는 것이다.[76]

요한복음 6장에 보면 오병이어 기적 이후 무리들이 예수님을 따르는 장면이 나온다. 그때 예수님께서는 그들의 '필요'를 채워줌으로써 '마케팅'에 성공한 것을 기뻐하시지 않으신다. 오히려 "너희가 나를 찾는 것은 표적을 본 까닭이 아니요, 떡을 먹고 배부른 까닭"(요6:26)이라고 말씀하신다. 오늘날 마케팅 교회 개념에서 보면 무리가 예수님께 나아오는 장면을 당연히 '성장'이고 '부흥'이라고 생각할 것이다. '필요'를 충족해줌으로써 놀라운 '성장'이 이루어졌다고 흥분할 것이다. 그러나 예수님은 숫자에 연연하지 않으셨다. 예수님은 그 무리에게 필요를 충족시켜주는 마케팅 개념으로 가지 않으셨다. 대신 십자가를 통한 구원의 복음에 대해, 생명의 떡이신 자신에 대해 말씀하셨다. 사람들이 싫어하는 교리에 대해 강조하셨다. 그리고 그 이후 제자들 중에서 많은 숫자가 예수님을 떠났다고 성경은 기록하고 있다.

오늘날 일부 한국교회가 지향하는 성장의 정신이나 목표는 물량주

75) 옥성호, 마케팅에 물든 부족한 기독교, 42면.
76) 옥성호, 마케팅에 물든 부족한 기독교, 368면.

의와 크게 다르지 않다. 심지어 전도를 통해 한 사람이라도 더 구원받게 한다는 복음적 열정이 자본주의적 물량주의와 자주 혼동되는 모습까지 보이고 있다.[77]

이러한 숫자 숭배는 미국에서 일어나서 지금까지 한국교회에도 지대한 영향력을 끼친 교회 마케팅 이론과 무관하지 않다. 미국 교회의 것이라면 "그것이 독인지 양잿물인지도 모른 채 무조건 갖다 마시는" 성향이 있는[78] 한국교회는 미국 쪽에서 일어난 교회 마케팅 개념을 '무조건' 갖다 마신 것처럼 보인다.

교회가 교회성장논리에 사로잡힐 때 나타나는 문제는 생각 이상으로 심각하다. 성장과 숫자의 우상에 사로잡힐 때 그 교회 목회자와 평신도들은 "더 이상 하나님과 하나님의 면전을 찾기보다는 힘(power, 그것이 영적인 힘이든 정치적인 힘이든) 그 자체를"[79] 바라고 찾게 된다. 그들에게 필요한 것은 하나님과의 관계 회복이 아니다. 그들에게 필요한 것을 자기들의 목표를 성취하기 위한 수단으로서의 하나님이다. 세속화의 가장 큰 특징은 '인간중심적'인 것이라고 마이클 호튼은 말한다. 지금의 복음주의 교회는 세상 못지 않게 인간 중심적이 되어 버렸다고 그는 한탄한다.

> 나는 오늘날의 교회가 근대성의 개선주의凱旋主義에 얼마나 깊이 연루되어 있는지에 대해 우려를 금치 않을 수 없다. 지금까지 우리의 눈은 우리 자신의 왕국과 권력과 영광을 향하고 있었다.[80]

---

77) 신국원, 같은 책, 173면.
78) 옥성호, 심리학에 물든 기독교(부흥과 개혁사, 2009), 183면.
79) 마이클 호튼, 세상의 포로된 교회(부흥과 개혁사, 2006), 192면.
80) 마이클 호튼, 같은 책, 180-181면.

목회자든 평신도든 교회 사역을 '자신의 왕국과 권력과 영광'으로 간주하는 것은 죄다. 자기우상의 죄다. 성취지향성이 죄라는 사실을 깨닫는 것이 중요하다.[81]

성취지향성으로 하나님을 하는 사람은 찬탄받고자 하는 욕망에 불타고 있는 나르시시스트일 가능성이 많다. 이런 사람은 자신이 한 일에 대해 늘 자랑하고 떠벌리고 의기양양해하며 자기를 과시한다. 남들이 자신을 찬탄의 눈길로 바라보고 칭찬해주길 노골적으로 바란다. 이런 사람들은 또한 높은 지위를 추구한다. 이들은 자신보다 우월한 지위에 있다고 생각하는 사람들을 높이 평가하고 그들을 따르려 하고 그들의 후광을 누리려고 한다.[82]

한국의 교회성장신학은 실용주의 철학과 성공제일주의 메시지를 유포시키면서 기업경영식 목회와 기업간 경쟁방식의 교회성장을 촉진시켰다. 그 결과 그리스도를 닮은 삶보다는, 물질적 복과 성공을 지나치게 강조하여 거품신자와 거품신앙을 만들어냈다는 진단이 나오고 있다.[83]

한국교회 목회현장에서 나타나는 숫자 숭배 현상은 교회를 유지하고 성장시키는 과정에서 필연적으로 나타나는 것이라고 할 수 있지만, 교회가 극단적으로 양적 성장에만 집착하게 될 때 숫자숭배와 교회성장의 우상화라는 역기능을 가져오게 된다. 이러한 현상은 비단 한국뿐만 아니라 미국에서도 나타나고 있는 바, 현대교회의 일그러진 초상이 아닐 수 없다.

---

81) 존 & 폴라 샌드포드, 황승수·정지연옮김, 속사람의 변화1 (순전한 나드, 2010), 105면 참조.

82) 니나 브라운, 이양원 옮김, 철없는 부모(모멘토, 2006), 49면.

83) 권성수, "강단의 인습타파:이중표 목사의 별세적 성경해석", 김경재외 13인 지음, 별세신학 (쿰란출판사, 1999), 57면.

교회성장운동은 숫자숭배, 통계적 성공의 철학이라든가 교회성장의 우상화라는 호된 비판을 받아왔다. 이런 비판론자들은 교회성장운동은 은혜와 복음을 상업화하는 결과를 초래한다고 본다. 이렇게 복음 사역의 결과를 양적 개념으로 평가하려는 경향은 성공과 효율을 숭배하는 실용주의적이고 기술주의적인 미국의 문화에서 유래한 것이다. 인류학자 애드윈드 스튜어트가 지적한 대로 미국인에게 있어 본질적인 속성은 '무엇이든지 잴 수 있다는 생각' measurality이다.[84]

성령의 역사에 의해 이루어져야 할 교회 성장을, 교회 스스로가 세속적인 양적 가치의 기준으로 평가하려는 태도는 실로 심각한 문제가 아닐 수 없다. 이처럼 교회 성장의 척도를 숫자로만 생각하고 그것에만 집착하려는 태도는 교회의 기업화, 신앙의 도구화라는 비본래적인 결과를 초래한다.[85]

마케팅의 관점으로 목회가 이루어지고 있는 교회는 스스로 이런 질문을 던져야 한다. 예수가 왕인가 '고객'이 왕인가? 숫자의 노예가 되어가는 강단은 이미 성령께서 인도하시는 주님의 교회가 아니다. 세속화된 기업주의와 경쟁주의의 장소일 뿐이다. 목회자나 성도들의 죄에 대해서 침묵하는 교회, 어떤 신자가 치리당할 만한 사건을 일으켰을 경우에도, 만약 치리하면 그 고객이 진노해서 다른 교회로 옮길까 봐 목회자가 성도들 눈치 보면서 치리를 스스로 포기하는 교회, 언제든지 교회를 떠날 수 있다고 큰소리치며 무조건 위로해주고 기분 좋게 해주는 '은혜로운' 설교만을 요구하는 신자들, 이미 '왕'이 되어버려서 그 '왕'의 보좌에서 내려오기는 거부하고 있는 소비사회 신자들의 모습은, 교회 마케팅 정신이 가져온 가슴 아픈 풍속도가 아닐 수 없다.

---

84) 피터 와그너, 교회성장에 대한 복음주의자들의 견해, 목회와 신학(1990. 5.), 79면.
85) 이원규, 한국교회 성장운동의 재평가, 목회와 신학(1990. 5.), 72면.

세상적인 인간적인 욕망에 충만하게 되면,

그 해석자에게 성경의 본의本意는 중요하지 않게 된다.

어떻게 하든지 성경을 자신의 욕망대로 읽고 해석하려고 하기 때문이다.

한국교회에 들어온
〈연가시〉들

욕망에 성의聖衣를 입히는
성경 해석과 강단의 세속화

'거지 나사로'를 걸고 넘어지는 설교자들
– 성공주의 '욕망'과 성경 해석

나는 누가복음 16장에 나오는 '거지 나사로' 이야기와 관련된 설교를 접하면서 깜짝 놀란 일이 두 번 있다. 첫 번째 경험은 몇천 명이 출석하는 어떤 교회에서 주관하는 양육세미나에 내가 참석했을 때의 일이었다. 차분하게 강의하던 강사 목사님이 '거지 나사로' 이야기가 나오자 갑자기 흥분하기 시작하면서 '거지 나사로'에 대해 엄중한 책망(?)을 하기 시작했다. 천국에 가도 그렇게 가면 안된다는 거였다. 이 땅에서도 믿음으로 살아서 복을 받고 부자가 되어 떵떵거리고 영향력을 끼치다가 천국에 들어가야지, 평생 거지로 살다가 죽어서 겨우(?) 천국에 간 나사로는 무척이나 문제가 많은 신앙인이다. 이게 그 강사 목사님이 격앙된 어조로 말한 논지였다. 처음에 나는 어안이 벙벙했다. 내가 잘못 들었나 싶을 정도로 당혹감을 느끼면서 갑자기 머리가 멍해질 정도였다.

> 19 한 부자가 있어 자색 옷과 고운 베옷을 입고 날마다 호화롭게 즐기더라
>
> 20 그런데 나사로라 이름하는 한 거지가 헌데 투성이로 그의 대문 앞에 버려진 채

21 그 부자의 상에서 떨어지는 것으로 배불리려 하매 심지어 개들이 와서 그 헌데를 핥더라

22 이에 그 거지가 죽어 천사들에게 받들려 아브라함의 품에 들어가고 부자도 죽어 장사되매

23 그가 음부에서 고통중에 눈을 들어 멀리 아브라함과 그의 품에 있는 나사로를 보고

24 불러 이르되 아버지 아브라함이여 나를 긍휼히 여기사, 나사로를 보내어 그 손가락 끝에 물을 찍어 내 혀를 서늘하게 하소서, 내가 이 불꽃 가운데서 괴로워하나이다

25 아브라함이 이르되 얘 너는 살았을 때에 좋은 것을 받았고 나사로는 고난을 받았으니 이것을 기억하라 이제 그는 여기서 위로를 받고 너는 괴로움을 받느니라

26 그뿐 아니라 너희와 우리 사이에 큰 구렁텅이가 놓여 있어 여기서 너희에게 건너가고자 하되 갈 수 없고 거기서 우리에게 건너올 수도 없게 하였느니라

27 이르되 그러면 아버지여 구하노니 나사로를 내 아버지의 집에 보내소서

28 내 형제 다섯이 있으니 그들에게 증언하게 하여 그들로 이 고통 받는 곳에 오지 않게 하소서

29 아브라함이 이르되 그들에게 모세와 선지자들이 있으니 그들에게 들을지니라

30 이르되 그렇지 아니하니이다 아버지 아브라함이여 만일 죽은 자에게서 그들에게 가는 자가 있으면 회개하리이다

31 이르되 모세와 선지자들에게 듣지 아니하면 비록 죽은 자 가운데서 살아나는 자가 있을지라도 권함을 받지 아니하리라 하였다 하시니라

위의 본문은 주님께서 천국과 지옥에 대해 말씀하시는 내용이다. 이 말씀은 하나의 비유로 보는 견해도 있고, 역사적 사실에 근거한

것으로 보는 견해도 있다. 비유로 보든, 사실에 근거한 것으로 보든, 위의 본문에서 나사로는 믿는 자를 표상하고 부자는 믿지 않는 자를 표상한다. 예수님은 이 두 사람을 등장시켜 대비적 관점에서 천국과 지옥의 삶을 설명하신다. 스스로 의롭다고 하고 늘 즐기고 잔치하던 부자는 지옥에 갔고, 겸손하여 낮은 자리에서 끝까지 참고 견딘 나사로는 천국에 들어갔다는 점이 극명한 대비를 이루고 있지 않는가.

그런데 여기서 예수님의 말씀하신 의도와는 관계없이, 그야말로 난데없이, 나사로가 가난하게 살다가 천국 갔다는 점만 콕 짚어서 나사로를 책망하고 비판하는 논리는 도대체 어디에서 온 것일까? 가난하게 살다가 천국에 간 나사로는 도대체 무얼 잘못한 것일까?

위의 본문 말씀을 비유로 보면, 나사로가 가난하게 살다가 천국 갔다는 비유의 일부를 근거로 해서 나사로를 비판하는 것은 참람한 논리가 된다. 예수님이 잘못된 비유를 들었다는 논리로 귀결되기 때문이다. 또 위의 본문 말씀을 역사적 사실에 근거한 것으로 보더라도 상황은 별로 나아질 것같이 보이지 않는다. 부자로 살다가 천국 간 나사로를 등장시켜야지 왜 하필이면 재수 없게 '거지' 나사로를 끌고 왔느냐는 비난으로부터, 예수님은 여전히 자유롭지 못할 것이기 때문이다.

나사로가 가난하게 살다가 천국에 간 것이 도대체 왜, 몇천 년 뒤에 태어난 한국 목사에 의해 책망받을 일이 되는가? 가난하게 살고 싶어서 가난하게 산 것도 아닌데, 왜 가난하게 살았던 사실 때문에, 그동안 천국에 잘 계시던 나사로가, 왜 한국교회 목사에 의해 뒤늦게 책망을 받아야 하는가? 가난하게 살다가 천국 가면 모두 다 책망의 대상인가? 천국에 있는 천국 백성들 가운데, 이 땅에서 가난하게 이름도 없이 빛도 없이 살다간 사람들은, 다 이 거지 나사로처럼 21

세기 번영신학적인 입장을 가진 설교자에 의해 일방적으로 소환되어 책망을 받아야 되는가? 그렇다면 개척교회 5년 차인 나도 개척교회 목사니까 당연히 가난한데, 그렇다면 나도 '거지 나사로'이며, 책망의 대상인가…?

이런 두서없는 생각을 하다가 나는 한동안 이 문제를 잊고 지냈다. 그러던 어느 날 누가복음 16장 19-31절을 본문으로 한 여러 목회자들의 설교를 찾아 읽기도 하고 듣기도 하던 중, 한 대형교회 목사님의 설교문을 읽게 되면서 나는 또다시 깜짝 놀라고 말았다. 전에 양육세미나에서 들었던 것과 똑같은 얘기를, 아니 더 심한 책망을, 이 목사님도 '거지 나사로'를 향해 던지고 있었기 때문이었다. 나사로의 믿음에 문제가 있었다, 그래서 가난하게 살았다는 얘기는 그렇다 치더라도, 교회를 잘못 선택해서 그렇다, 우리 교단 교회를 출석했더라면, 이렇게 되지 않았을 것이라고, 전혀 농담 아닌 진담으로 심각하게 설교하는 내용을 보면서, 나는 망치로 머리를 세게 맞은 것 같은 충격을 받고 말았다(사실 내가 이 책을 성경해석의 관점에서 쓰게 된 직접적인 동기는 이 두 사건 때문이었다).

도대체 어찌된 일인가? 이 두 분의 큰 교회 목회자들은, 나 같은 작은 교회 목회자들 몰래 어딘가에 가서 성경 해석을 따로 배운 것일까? 아니면 성령께서는 큰 교회 목회자들에게는 비밀리에 따로 불러서 어떤 특별 계시라도 주시는 것일까? 왜 이분들은 '거지 나사로'를 가만두지 않고 이렇게 못살게 구는 것일까?

그 후 한동안 나는 이 문제에 대해 고심했다. 그리고 오랜 생각 끝에 나는 결론을 내릴 수 있었다. 앞에 예를 든 두 명의 목회자는 어디 가서 따로 비밀리에 성경 해석을 특별히 공부한 것이 아니었다. 이 두 분의 목회자들에게만 성령께서 특별한 계시를 주신 것도 아니었다. 이 시대의 번영주의와 성공주의의 욕망이 누가복음 16장 19-31절을 이렇게 해석하게 만든 것이었다. 왜 가난하게 살다가 천국 가는가, 이 땅에서도 성공하고 영향력을 끼치다가 천국 가야지, 하는 성공주의적 관점에서 이 성경 본문을 읽으니, 주님이 강조하신 문맥적 의도를 무시하고, 문맥을 이탈하고 초월해서, 성공주의의 영광스러운 보좌(큰교회 당회장 목사라는 권위의 자리)에서 진노하는 어조로 '거지 나사로'를 책망하고 심판하고 있는 것이다. 이게 나의 결론이었다. '거지 나사로'는 이 땅에서 잠시 고난받다가 천국에서 영원히 안식하고 있었는데, 뜻밖에 21세기에 들어와서 '성공주의'의 욕망에 사로잡힌, 성공주의 번영신학 숭배자들에게 전혀 뜻밖의 수난을 당하고 있는 셈이었다.

성경도 해석 대상이지만, 성경의 해석자 또한 성경에 의해서 해석되어야 할 대상이다.[86] 거지 나사로를 책망하는 해석을 한 이 두 해석자도, 성경에 의해서 해석되어야 할 대상이라는 말이다. 내가 보기에 이 두 해석자는 조금 전에 지적했듯이 '성공주의'의 욕망에 의해 누가복음 16장 19-31절 말씀을 해석했다고 할 수 있다. 예수님께서 말씀하신 문맥적 의미를 완전히 무시하고, 어떻게 하든지 성공적인 인생을 살아야 한다는 성공주의적 관점에서 자의적으로 이 말씀을 해석한 것이다. 성공주의적 욕망에 의해서, 이 말씀을 '억지로 풀다가', 거지 나사로를 책망하는 이상한 해석에 이르게 되었다는 말이다.

베드로후서 3장 15-16절에 나오는 '억지로 풀다'στρεβλουν라는 말은 '단어의 의미를 곡해하다'는 의미가 있다고 한다.[87] 두 해석자는 누가복음 16장 19-31절 말씀의 문맥적 의미를 '곡해'하여 자신들의 성

---

86) 권성수, 성경해석학1(총신대학출판부, 1991), 17면.
87) 권성수, 같은 책, 17면 참조.

공주의의 관점에 교묘하게 끼어맞춤으로써, 자기 마음대로, 수신자적 관점에서 사사로이 성경을 푸는 성경 해석, 더 정확하게 말하자면, 오독誤讀을 하고 있다고 할 수 있다. 성경의 문맥적 의미를 근본적으로 무시한 채 자신들의 욕망에 성의聖衣를 입히고 있는 것이다. 거지 나사로를 책망하는 설교자가 가지고 있는 해석에 깔려 있는 욕망 구조를 그림으로 그리면 다음과 같이 될 것이다.

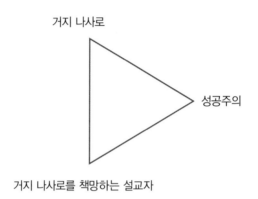

앞의 두 설교자가 성경의 관점에서, 다시 말해서 예수님의 관점에서(예수님을 중개자로 해서), 거지 나사로를 해석했다면, 결코 책망하는 설교가 나올 수 없다. 설교자 스스로가 성공주의에 도취되어 있거나 집착하고 있기 때문에 거지 나사로를 책망하는 설교를 하게 된 것이다. 그러니까 적어도 이 두 설교자는 적어도 '거지 나사로'를 설교하는 장면에서는 '성령의 사람'이 아니라 '육신에 속한 자'(성공주의의 추종자)에 속한다고 할 수 있다. 성령 아닌 육신으로, 예수 그리스도 아닌 성공주의로 '거지 나사로'를 해석하고 있기 때문이다. 과연 이 두 설교자는 '거지 나사로'를 만났을 때만 성경을 이렇게 해석하는 것일까.

세상적인 인간적인 욕망에 충만하게 되면, 그 해석자에게 성경의 본의本意는 중요하지 않게 된다. 어떻게 하든지 성경을 자신의 욕망대로 읽고 해석하려고 하기 때문이다. 말씀보다 자신의 욕망을 거룩하고 중요하게 간주하는 태도, 바로 이것이 세속화의 통로이다. 성경을 자신의 욕망으로 해석하고 자신의 욕망에 성의聖衣를 입히는 성경 해석을 하는 설교자 한 사람이, 매주 몇 번씩 강단에서 '거지 나사로'를 책망하는 식의 설교를 하게 될 때, 그 메시지에 무심코 아멘, 아멘, 하는 수십만, 수만, 수천 명의 교인들 속으로, 성공주의의 〈연가시〉들이 제 마음대로 들락날락거리게 되는 것이다.

'삼박자 축복'과 수신자 중심적 성경 해석의 문제

여의도순복음교회 조용기 목사님의 저서에는 '오중복음'과 관련된 내용이 있다. 그 오중복음에는 '축복의 복음'이 들어 있다. 결론부터 말하자면, 다 아는 얘기지만, 축복은 복음이 아니다. 그럼에도 불구하고 축복은 '복음'이라고, '오중복음' 중의 하나라고, 당당하게 주장되어 왔으며, 몇십 년 동안 거기에 대해서 아무도 제대로 대응하지 않고 있다. 몇십만 명이라는 여의도순복음교회의 '숫자'에 압도된 탓인지, 세계에서 제일 큰 교회라는 외형적 크기와 성공에 압도된 탓인지, 조용기 목사님의 카리스마적인 권위에 압도된 탓인지, 어떤 연유인지는 모르겠으나, 하여간 축복이 '복음'이라는 주장이 잘못된 것이라는 목소리는 희미했거나, 거의 전무한 상태였다고 할 수 있다. 축복이 '복음'이 아니라는 사실을, 그 공공연한 비밀을 많은 목회자들이 알고 있으면서도, 축복은 '복음'이 아니라고, 공식적으로 언급하기를 꺼려하고 있는(적어도 신학의 주류에서 근본적인 논쟁을 피하고 있는), 이 이상한 한국교회의 현실, 여기에 한국교회 세속화의 단초가 숨겨져 있다.

조용기 목사님의 '오중복음', 중생의 복음, 성령충만의 복음, 재림의 복음, 신유의 복음, 축복의 복음은, 조 목사님의 메시지의 중요한 브랜드가 되어 있는 삼박자 축복과 관련되어 있다. 요한삼서 1장 2절 "사랑하는 자여 네 영혼이 잘됨같이 네가 범사에 잘되고 강건하기를 내가 간구하노라"라는 구절에 근거하고 있는 것이 삼박자 축복이다. 삼박자 축복론은 영혼이 잘 되고, 범사가 잘 되고, 건강한 삶을 강조하는 것을 그 근간으로 한다.

조용기 목사님은 거의 모든 자신의 메시지 속에서 삼박자 축복을 강조함으로써, 60년대 가난한 시절의 한국인들에게 희망을 주고 소망을 준 목회자로 기억되고 있다. 조 목사님은 오랄 로렌스 목사의 〈낫기를 원하면 이것들을 행하라〉는 책을 읽고 감명을 받은 이후, 요한삼서 1장 2절 이 한 구절이 "지금 저의 모든 설교의 기반이 되고" 있으며 "그를 통해 지금의 여의도순복음교회 중심의 말씀이 세워진 것"이라고 밝히고 있다.[88]

그만큼 이 구절은 조용기 목사님의 축복 중심적 목회에 중요한 의미를 갖는다. 이 삼박자 축복론에는 60년대 가난했던 대한민국 사람들에게 '희망'을 줘야 한다는 목회적인 전제가 깔려 있다.

"제가 천막 교회를 개척하고 목회를 시작하던 시절은 사회적으로도 경제적으로도 굉장히 어려운 때였습니다. 사회는 혼란스러웠고, 서민들은 하루 세끼를 먹기가 어려울 정도로 가난했습니다. 뿐만 아니라 수많은 사람들이 각종 질병으로 고통당하고 있었습니다. 그런 그들에게 필요한 것이 바로 희망의 메시지였습니다. 예수님이 우리의 고난과 질병을 모두 지고 십자가에 못 박히셨기에 우리는 그런 고통스러운 삶을 살 필요가 없습니다.

그럼에도 불구하고 대부분의 사람들이 자신의 고통이 고통인 줄 모른 채 살아가고 있었습니다. 그래서 그들에게 예수 그리스도의 십자가 사건으로 인해 얻게 되는 축복을 전해 주었습니다. 삼중 저주에서 풀려나 삼중 축복을 받게 된 것을 말씀으로 선포했습니다. 이 말씀은 당시 많은 사람들을 변화시켰습니

---

88) 조용기, 사차원의 영성(교회성장연구소, 2011), 36면.

다. 그들이 믿음을 가질 때 저주에서 벗어나게 되고, 육체의 질병에서 고침을 받아 진정한 하나님의 축복을 누리는 자격을 얻는 것입니다. 삼중 축복은 요한 삼서 1장 2절의 말씀을 바탕으로 합니다. … 예수님을 믿게 되면 십자가의 은 혜로 영혼이 잘됨같이 범사가 잘되며 강건해집니다. 이 진리가 당시 천막 교회 에 아프고 지친 몸을 이끌고 나온 성도들에게 힘을 주었으며, 그들이 지금의 여의도순복음교회를 있게 한 기적과 희망의 주인공이 되었습니다."[89]

위의 내용을 보면 조 목사님의 요한삼서 1장 2절에 대한 해석은 철 저히 수신자 중심적이라고 볼 수 있다. 이 점은 60년대 한국인들에 게 '필요한 것이 바로 희망의 메시지'였다는 말에서 확연히 드러난다. 이런 수신자 중심적 메시지는 복음을 설명하고 있는 논리에서도 다 시 확인된다. "그들이 믿음을 가질 때 저주에서 벗어나게 되고, 육체 의 질병에서 고침을 받아 진정한 하나님의 축복을 누리는 자격을 얻 는 것"이라는 표현이라든지, "예수님을 믿게 되면 십자가의 은혜로 영 혼이 잘됨같이 범사가 잘되며 강건해"진다고 표현도, 믿음을 필요충 족과 문제해결의 관점에서 파악하고 있다는 점에서 철저히 수신자 지향적이다.

조 목사님 개척 초기의 이야기를 듣다 보면 이 점은 계속 확인될 수 있다. 불광동에 천막교회를 세운 어느 날, 조 목사님은 가난한 동 네에서 전도를 시도한다. 정말 쓰러지기 일보 직전의 불안 불안한 상 태의 판잣집 문을 두드렸을 때, 함경북도 북청에서 피난을 온 이초희 라는 여인을 만난다. 형편을 들어보니, 찢어지게 가난한 살림살이에 다, 아홉 명의 아들들과 자나깨나 술에 찌들어 사는 남편을 둔 가엾 은 여인이었다. 그런데 조 목사님은 이 가난한 여인을 전도하려고 예 수 믿고 천국 가자고 설득하다가, 오히려 자신이 전도를 당하는(?) 사

---

89) 조용기, 사차원의 영성(교회성장연구소, 2011), 34면.

건을 경험한다.

> "나는 죽어서 가는 곳에는 관심 없어요. 죽으면 그뿐이지. 내게는 지금 이 생활이 지옥 그 자체라고요. 당신도 한번 보세요. 지금 우리 형편을 보시라고요. 난 지금 잘 살고 싶지, 죽어서 잘되고 말고는 관심 없어요. 필요 없으니 가세요!"
> 저는 전도하러 갔다가 오히려 그 부인에게 전도를 당했습니다. 구구절절이 다 맞는 이야기였기 때문입니다. 결국, 아무 말도 못 하고 천막 교회로 돌아왔습니다. 그녀의 말이 계속 귓가에 맴돌았습니다. 그 말대로 우리의 삶 속에 천국이 와야 합니다. 저는 생각했습니다.
> 그렇다! 죽은 뒤에 천국이 아니라 지금 천국이 필요하다! 하나님은 우리를 너무나 사랑하시기에 우리가 행복하길 원하고 계시지 않는가?[90]

당시 가난하고 힘든 사람들에게 "죽은 뒤에 천국이 아니라 지금 천국이 필요"하며 "삶 속에 천국에 와야" 한다는 깨달음은, 이후 조 목사님의 목회 방향을 결정하는 중요한 분수령이 된다. 조 목사님의 목회관은 이처럼, 개척 초기 어려운 삶을 사는 사람들(조 목사님 자신을 포함해서)의 삶을 '복음'으로 '행복'하게 바꾸고자 하는, 필요충족과 문제해결 중심적 성격을 갖고 있다. 조 목사님이 "난 지금 잘 살고 싶지, 죽어서 잘되고 말고는 관심 없어요. 필요 없으니 가세요!"라고 했던 여인을 설득해서 천막 교회로 데리고 왔을 때, 그 여인은 천막을 한번 쓱 둘러보더니 배를 잡고 깔깔대며 웃었다고 했다. 그리고는 빈정거리는 어조로 "당신 팔자나 고치시죠. 나나 당신이나 별반 다를 게 없는데, 무슨 소리랍니까? 그 사람한테 당신이나 고쳐 달라고 해요."라고 말한다. 그러자 조 목사님은 이렇게 대답한다.

---

90) 조용기, 사차원의 영성(교회성장연구소, 2011), 185면.

"맞습니다. 당신 팔자나 내 팔자나 다 형편없습니다. 그러나 예수 그리스도 안에서 우리는 소망을 얻을 수 있습니다. 예수를 믿음으로써 영적 구원을 얻었을 뿐 아니라 물질적으로 축복을 받고, 저주에서 해방을 얻었으며, 질병에서 치료받아 건강을 얻고, 영원한 부활의 생명을 얻었으니 우리 한번 믿어 봅시다!"[91]

조 목사님은 그 여인의 팔자나 조 목사님 자신의 팔자나 현실적으로는 형편없지만 "그러나 예수 그리스도 안에서 소망을 얻을 수 있습니다"라고 말하고 있다. 그리고 그 소망은 "예수를 믿음으로써 영적 구원을 얻었을 뿐 아니라 물질적으로 축복을 받고, 저주에서 해방을 얻었으며, 질병에서 치료받아 건강을 얻고, 영원한 부활의 생명을 얻었으니 우리 한번 믿어 봅시다!"라는 말에서 엿볼 수 있듯이, 그 여인의 팔자와 조 목사님 자신의 팔자를 예수를 믿음으로써 고칠 수 있다는 소망이다. 이처럼 개척 초기 조 목사님이 갖게 된 목회관은 철저히 문제해결적인 성격을 갖고 있으며, 문제해결을 위해 고통스러운 현실과 싸워서 그 현실을 바꿀 수 있다는 희망의 메시지에 당위적으로 초점을 맞추고 있다.

"박정희 대통령의 새마을 운동을 계기로 산업화가 시작되었고, 많은 사람들이 직장을 구하기 위해 서울로 올라왔습니다. 서울에 머물 곳이 없던 그들은 아현동과 현저동 산꼭대기로 모여들었습니다. 돈도 없고 배경도 없는 사람들이 모인 그곳도 역시 대부분이 판잣집이었습니다. 그런 집에서 추위를 견디려면 밤낮 가리지 않고 연탄을 계속 피워 놓아야만 합니다. 그 와중에 갑자기 세찬 바람이라도 불어오면 연탄가스가 온 집을 확 뒤덮습니다. 그러나 그들에게는 어쩔 도리가 없습니다. 그냥 그대로 아픈 머리를 부여잡고 살아야만 했습니다.
저는 그 사람들에게도 소망의 메시지가 필요하다는 것을 느꼈습니다. 그 현실을 하나님이 주신 기회로 생각했습니다. 계율을 가르치는 것이 아닙니다. 종

---

91) 조용기, 사차원의 영성(교회성장연구소, 2011), 188면.

교를 가르치는 것이 아닙니다. 기독교를 전하는 것이 아닙니다. 저는 오직 예수 그리스도 안에서 전인구원을 받을 수 있다는 소망의 메시지를 전하고자 했습니다. 그래서 한때 많은 교파와 주의 종들의 비난을 받기도 했습니다. 그러나 저는 고삐를 늦추지 않고 계속 강력하게 소망의 메시지를 전했습니다.[92]

위의 인용에서 나타나듯이 조 목사님의 목회관은 교회 개척 초기에 이미 두 가지 방향으로 결정된 것으로 보인다. 필요충족과 문제해결로서의 복음, 그리고 각박한 현실에서 좌절한 군상들에게 꿈과 소망을 갖게 하기 위한 복음적인 의식개혁, 이 두 가지이다.

"예수를 믿음으로써 영적 구원을 얻었을 뿐 아니라 물질적으로 축복을 받고, 저주에서 해방을 얻었으며, 질병에서 치료받아 건강을 얻고, 영원한 부활의 생명을 얻었으니 우리 한번 믿어 봅시다!"라는 말을 분석해보면, 가난한 대중들의 '필요' 충족에 초점이 맞춰져 있다. '얻었을 뿐 아니라', '받고', '얻었으며', '얻고', '얻었으니'라는 표현에서 나타나듯이, 철저히 수신자 지향적 문제해결과 필요충족으로 귀결되고 있지 않는가. 조 목사님이 보기에 어려운 환경에서 살아가는 사람들에게 필요한 것은 '계율'이 아니고, '종교'도 아니고, '기독교'도 아니고, "오직 예수 그리스도 안에서 전인구원을 받을 수 있다는 소망의 메시지"였다. 그래서 그 이후로 지금까지 조 목사님은 "고삐를 늦추지 않고 계속 강력하게" 소망의 메시지를 전하게 된 것이다.

다른 한편으로 볼 때, 이러한 수신자 중심적 문제해결 복음과 소망의 메시지는 조 목사님 자신에게도 절실한 복음이었다. 조 목사님의 '희망의 메시지'의 가장 중요한 수신자 중의 한 사람이 조 목사님 자신이었다는 말이다. 하루 세끼를 고구마만 먹어야 했던 때가 부지기

---

92) 조용기, 사차원의 영성(교회성장연구소, 2011), 190면.

수였던 가난한 시절 어느 날, 조 목사님은 거울 앞에 서서 두 주먹을 불끈 쥐고 자신의 얼굴을 노려보면서 큰소리로 외친다.

> "조용기, 너는 가난하지 않다!"
> "조용기, 너는 부자다!"
> "우리 교회의 성도는 내년에 천 명이 된다."
> "조용기, 너는 과거에 폐병 환자였다. 그러나 보라, 지금은 건강하지 않은가?"
> "조용기, 너의 믿음은 산을 옮길 만하다. 믿는 자에게는 능히 하지 못할 일이 없다."[93]

조 목사님의 설교에 나오는 희망의 메시지를 들을 때마다, 나는 언제나 잘 살아보세, 잘 살아보세, 우리도 한번 잘 살아보세, 잘 살아보세, 와 같은 가사를 담고 있는 1960년대 한국인들의 절규가 배경음악으로 울려퍼지는 것 같은 착각을 하곤 한다. 가난한 시절, 가난의 한을 극복하고자 하는 결연한 의지, 행복하고 형통한 삶을 소망하면서 치열한 삶을 살아갔던 1960년대 한국인들의 가난 극복 의지와 성공에의 열망을, 나는 언제나 떠올리게 된다는 말이다.

조 목사님의 수신자 지향적인 문제해결 중심의 복음은 그런 점에서 매우 당위적인 성격을 갖는다. 가난하고 고통스런 현실을 벗어나야 한다는 소망은 단순한 소망으로 그쳐서는 안 된다. 반드시 이루어져야 할 당위다. 이룰 수 없으면 배고파 죽고, 가난해서 더 비참해지고, 병들어 죽을 수밖에 없다. 그러니 목숨을 걸고 결사적으로 기도해서 현실을 바꾸어야만 한다는 점에서, 필요충족과 문제해결의 '복음'은 당위적인 명제가 된다. "예수를 믿음으로써 영적 구원을 얻었을

---

93) 조용기, 사차원의 영성(교회성장연구소, 2011), 205면.

뿐 아니라 물질적으로 축복을 받고, 저주에서 해방을 얻었으며, 질병에서 치료받아 건강을 얻고, 영원한 부활의 생명을 얻었으니 우리 한 번 믿어 봅시다!"—라는 메시지에서 중요한 것은 예수를 믿음으로써 반드시 문제해결을 받아야 한다는 당위적인 논리이다. '죽은 뒤에 천국이 아니라 지금 천국'이 필요하다는 논리는, 현실의 문제해결을 예수 그리스도의 복음을 통해, 반드시 지금 여기에서 성취해야 한다는 당위의 논리가 아닌가. 이런 의미에서 조 목사님에게 요한삼서 1장 2절은 성경에서 가장 중요한 의미를 가지는 말씀이었다. 조 목사님이 당위적으로 절실하게 느꼈던 문제해결의 복음과 소망의 메시지를 삼박자로 해결해줄 수 있는 '희망'의 '복음'으로 여겨졌기 때문이었다. 영혼이 잘 되고, 범사가 잘 되고, 거기다가 건강의 복까지 준다니, 이보다 더 좋을 수가 있겠는가. 성경에 없었으면, 어디서 억지로라도 만들어내야 할 판이었는데, 삼박자로 한꺼번에 한 구절 속에 들어있으니, 이 어찌 감격하고 감사한 일이 아니었겠는가.

그러나 수신자 중심적 관점에서 가장 절대적으로 중요한 것으로 간주되었던 이 구절이 과연 성경의 전체 문맥에서도 절대적으로 중요한 의미를 가지는 말씀인가 하는 문제는 1960년대 한국사회의 상황 논리와는 별개의 문제다. 아무리 시급하고 급박하더라도 성경 해석은 상황의 논리를 떠나 성경의 문맥에서, 성경 저자의 본의의 관점에서 이루어져야 하기 때문이다.

요한삼서 1장 2절 앞에는 당연히 1절이 있다. 1절에는 '사랑하는 가이오, 곧 내가 참으로 사랑하는 자'라는 표현이 나온다. 사도 요한이 참으로 사랑하는 가이오를 위해 간구한 내용이 요한삼서 1장 2절이다. 또 요한삼서 1장 2절 뒤에는 당연히 3절과 4절이 있다. 3절과 4절을 보면 가이오가 '진리 안에서 행한다'는 형제들의 증언을 듣고서,

사도 요한이 기뻐하여, 가이오를 '사랑하는 자'라고 부르면서 2절의 간구를 해준 것임을 알 수 있다. 그러니까 가까운 문맥만 봐도, 2절은 아무에게나 삼박자로 '축복'해주는 것이 아니라, '진리 안에서' 행한 '가이오'와 같은, 사랑을 겸한 믿음의 성도를 위해, 요한 사도가 편지 서문에서 '간구'한 내용임을 알 수 있게 되는 것이다.

사실 사도 요한이 서신의 서두에서 친구인 가이오를 언급한 것은 "고대 세계에서 오가는 개인 편지의 전형적인 인사 형태"였다. 그러니까 "요한이 가이오를 향한 바람을 빈 것을 모든 시대 모든 신자들을 위한 재정적인, 물질적인 번영의 기원으로 확대하는 것은 본문과는 한참 먼 생각"이 아닐 수 없다. 요한은 그런 의도를 갖지 않았다. 성경학자 고든 피의 다음과 같은 지적도 우리는 유념해야 한다. "여기 '형통'(한글판 번역에서는 '범사가 잘 되고'에 해당됨)이라 번역된 헬라어는 '어떤 특정인과 잘 지내다'는 의미를 갖고 있기 때문이다.[94]

이런 문맥적 의미를 지닌 요한삼서 1장 2절을, 한 절만 뚝 잘라내어, 조 목사님이 문맥적 의미를 무시한 채 성경 전체를 지배하는 삼중 축복론의 근간으로 삼은 것은, 가까운 문맥을 무시한 오독誤讀일 뿐 아니라, 성경 전체의 문맥을 무시한 오독이다. 성경 전체의 문맥에서 볼 때, 삼박자 중에서 사람들이 가장 관심 있어 하는 것–범사가 잘 되는 것–은 '복음'이 아니다. 부는 하나님께서 주시기도 하고 뺏기도 하는 것이다. 여호와 하나님의 주권 사항이 아닌가. 그리고 신구약을 통틀어 살펴봐도 범사가 잘 되는 것이 반드시 복의 의미를 갖지 않는다. 범사가 잘 될 때 인간들은 거의 예외 없이 교만해지고 타락한다. 우상을 숭배한다. 그래서 인간들의 이런 속성을 잘 아시는 하

---

94) 행크 해네그래프 지음, 김성웅 옮김, 바벨탑에 갇힌 복음(새물결플러스, 2012), 389–390면 참조.

나님이 보시기에, 범사가 잘 되는 것은 복이 아니라 오히려 염려의 대상이었다―"네가 먹어서 배부르고 아름다운 집을 짓고 거주하게 되며 또 네 소와 양이 번성하며 네 은금이 증식되며 네 소유가 다 풍부하게 될 때에 네 마음이 교만하여 네 하나님 여호와를 잊어버릴까 염려하노라"(신7:12-13). 그리고 여호와 하나님의 염려하시는 대로, "네가 만일 네 하나님 여호와를 잊어버리고 다른 신들을 따라 그들을 섬기며 그들에게 절하면", 즉 백성들이 풍부하게 되어 마음이 교만해질 경우, "내가 너희에게 증거하노니 너희가 반드시 멸망할 것이라"(신7:19)라고 말씀처럼 무서운 심판을 경고하고 있지 않는가.

이런 관점에서 볼 때 성경의 가까운 문맥과 전체 문맥을 무시하고, 요한삼서 1장 2절을 성경 전체를 지배하는 축복론의 근간으로 삼는 것은, 성경의 본래적 의미에서 벗어난 해석이다. 심각한 오독이다. 문학으로서의 성경의 관점에서 볼 때, 가장 단순한 단계의 오독은 문제가 되는 성경 구절 주위의 문맥을 고려하지 않는 데서 발생한다.[95] 다시 강조하는 바이지만 문맥을 떠난 본문은 핑계이며, 문맥을 떠난 본문은 자의적 해석을 낳을 수밖에 없다.[96]

조 목사님의 개척 초기의 이야기로 돌아가서 다시 이 문제를 생각해보면, 이런 오독은 조 목사님의 입장에서는 거의 필연적인 것이었다고 할 수 있다. 조 목사님의 당시 입장에서 요한삼서 1장 2절을 근간으로 한 '삼박자 축복론'은 수신자 중심적 문제해결의 관점에서 당위적으로 요청된 것이기 때문이다. 조 목사님은 성경 전체의 문맥에서, 가까운 문맥을 살펴보고, 요한삼서 1장 2절을 해석한 것이 아니었다. 조 목사님은 1960년대 한국적 상황에서 가난하고 고통스러운

---

95) 제임스 사이어, 박우석역, 비뚤어진 성경 해석(생명의 말씀사, 1993), 68면.
96) 단 맥카트니/찰스 클레이트 지음, 김동수 옮김, 성경해석학(IVP, 2000), 170면.

삶을 살아가는 사람들에게 문제해결의 복음으로서, 소망을 주는 메시지로서, 요한삼서 1장 2절을 받아들인 것이다. 상황화의 논리로 보면 조 목사님의 입장이 이해되지 않는 바는 아니다. 하지만 조 목사님이 문제해결과 필요충족을, 모든 일이 잘되는 '축복'을 아예 '복음' 속에 편입시키고자 한데서부터, 문제는 심각해지기 시작한다.

복음은 하나님께서 주시는 은혜의 선물이다. 복음은 하나님 편에서 인간을 향해 보내는 사랑의 메시지이지, 인간들이 '필요'에 의해서 '복음'을 새롭게 고안하거나 '발명'하는 것이 아니다. 1960년대 가난한 이들에게 희망과 소망의 메시지를 전하고 싶었다는 의도는, 가난의 한을 품고 있던 당시의 한국인들에게는 감동과 눈물을 줄만한 것이겠지만, 엄격하게 말해서 그건, 자신이 인간의 '필요'를 채워주겠다는 인본주의적 발상일 뿐이다. 영혼의 필요를 돌보고 먹이는 일이 모두 교회 책임이라는 주장은 '소비자 기독교'다.[97]

'복음'은 하나님께서 이미 성경에서 선포하신 것이지, 1960년대 한국적 상황에서 조 목사님이 '축복의 복음'을 새롭게 창안해서 세종대왕처럼 '어린 백성들'에게 나누어 줄 수 있는 성질의 것이 아니다. 이런 의미에서 요한삼서 1장 2절에 근간한 '삼박자 축복론'은 인간의 '필요'에 지나치게 경도된 나머지 성경의 문맥을 무시한 채, 그 자체를 성경 전체의 문맥이라고 주장하는 해석적 오류를 범하고 있다고 봐야 한다.

혹 이런 수신자 중심적 성경 해석혹은 오독을 단순히 문맥을 무시한 데서 비롯된 사소한 문제로 간주하는 입장도 있을 수 있다. 그러나 그렇지 않다. 문맥을 무시하고서 한 구절을 뚝 떼내어서 그것을 성경 전체를 지배하는 문맥으로 주장하고, '축복의 복음'을 '오중복음'

---

97) 잭 존슨, 윤종석 옮김, 경청기도(도서출판 CUP, 2008), 57면.

속에 편입시킨 것은 매우 심각한 문제이다. 지금까지 한국교회에 엄청난 폐해를 가져오고 있는 세속화의 한 중요한 통로다, 나는 이렇게 주장한다.

문제해결의 욕망에 의한 성경 해석의 예
– 빌립보서 4장 13절 해석 문제

빌립보서 4장은 의미상으로 크게 세 부분으로 나누어진다.

첫 번째는 1절-9절이다. (1)굳게 서라고 하고(1절), (2)합심과 협력을 권하고(2-3절), (3)주 안에서 기뻐하라고 하고 있다(4-9절). 두 번째는 10-20절이다. (1)어떤 환경에서든지 만족하는 바울의 모습이 나오고(10-13절), (2)빌립보교회가 보낸 후원 헌금에 대한 영적인 평가가 나오며(14-18절), (3)빌립보 교회에 대해 하나님의 풍성한 공급을 기원하는 내용이 나온다(19-20절). 그리고 세 번째는 편지의 마무리 결론이다(21-23절).

그러니까 우리가 여기서 만약 빌립보서 13절의 의미를 정확하게 해석하고 싶다면, 최소한 적어도 두 번째 의미 단락, 10-20절을, 읽고, 그 안에서 13절의 의미를 해석해야 한다. 만약 빌립보서 4장 13절 한절만 갖고서, 이 구절을 해석하는 경우와 10-20절의 전후 문맥 속에서, 13절을 해석하는 경우, 어떤 해석의 차이가 나는 것일까?

빌립보서 4장 13절 앞뒤를 읽어보면 적어도 10절에서 20절의 문맥 속에서 13절의 의미를 해석할 수 있게 된다. 10-20절을 읽어보면 다음과 같다.

10 내가 주 안에서 크게 기뻐함은 너희가 나를 생각하던 것이 이제 다시 싹이 남이니 너희가 또한 이를 위하여 생각은 하였으나 기회가 없었느니라

11 내가 궁핍하므로 말하는 것이 아니니라 어떠한 형편에든지 나는 자족하기를 배웠노니

12 나는 비천에 처할 줄도 알고 풍부에 처할 줄도 알아 모든 일 곧 배부름과 배고픔과 풍부와 궁핍에도 처할 줄 아는 일체의 비결을 배웠노라

13 내게 능력 주시는 자 안에서 내가 모든 것을 할 수 있느니라

14 그러나 너희가 내 괴로움에 함께 참여하였으니 잘하였도다

15 빌립보 사람들아 너희도 알거니와 복음의 시초에 내가 마게도냐를 떠날 때에 주고받는 내 일에 참여한 교회가 너희 외에 아무도 없었느니라

16 데살로니가에 있을 때에도 너희가 한 번뿐 아니라 두 번이나 나의 쓸 것을 보내었도다

17 내가 선물을 구함이 아니요 오직 너희에게 유익하도록 풍성한 열매를 구함이라

18 내게는 모든 것이 있고 또 풍부한지라 에바브로디도 편에 너희가 준 것을 받으므로 내가 풍족하니 이는 받으실 만한 향기로운 제물이요 하나님을 기쁘시게 한 것이라

19 나의 하나님이 그리스도 예수 안에서 영광 가운데 그 풍성한 대로 너희 모든 쓸 것을 채우시리라

20 하나님 곧 우리 아버지께 세세 무궁하도록 영광을 돌릴지어다 아멘

　자, 10절에서 20절을 읽고나서, 다시 13절을 전후 문맥을 살펴서 읽어보면, 13절의 정확한 의미가 나온다. 너무나 쉽다. 바로 앞의 10절–12절을 읽으면, 쉽게 파악될 수 있다. 이 부분을 다시 읽어보기로 한다.

10 내가 주 안에서 크게 기뻐함은 너희가 나를 생각하던 것이 이제 다시 싹이 남이니 너희가 또한 이를 위하여 생각은 하였으나 기회가 없었느니라

11 내가 궁핍하므로 말하는 것이 아니라 어떠한 형편에든지 나는 자족하기를 배웠노니

12 나는 비천에 처할 줄도 알고 풍부에 처할 줄도 알아 모든 일 곧 배부름과 배고픔과 풍부와 궁핍에도 처할 줄 아는 일체의 비결을 배웠노라

13 내게 능력 주시는 자 안에서 내가 모든 것을 할 수 있느니라

그러니까 이 문맥 속에서 13절을 읽으면 어떤 뜻이 되는가? 11절과 12절을 통해서 13절을 보면, 내게 능력 주시는 자 안에서 내가 모든 것을 할 수 있다는 말은, 사도 바울이 어떤 형편에서든지, 자신은 자족할 수 있는 훈련을 받았다는 뜻이 된다. 그래서 사도 바울은 자신이 비천에 처할 줄도 알고, 풍부에 처할 줄도 알아, 배부름과 배고픔과 풍부와 궁핍에도 처할 줄 아는, 일체의 비결을 배웠다는 뜻이다. 내가 배가 고파도, 가난해도, 핍박받아도, 불평하지 않고 낙심하지 않고, 참고 견딜 수 있으며, 만약 내가 배가 불러도 교만하고 자랑하지 않고, 거지 나사로를 책망하지 않고, 하나님이 주신 성공을 내 것으로 사유화하지 않고, 어떤 경우에도, 능력 주시는 자 안에서, 내가 견디고 이길 수 있게 되었다, 이런 뜻이 된다.

그리고 14절에서 20절은, 내가 내게 능력 주시는 자 안에서, 모든 것을 할 수 있지만, 그렇다고 너희들이 내게 보낸 헌금을 사양하겠다는 말은 아니다, 과거에 빌립보교회가, 나 바울이 데살로니카에서 사역할 때, 두 번씩이나 헌금을 보낸 것, 너무 고마웠다, 그리고 에바브로디도를 통해서 헌금을 보내니 너무 감사하구나, 이 헌금은 향기로운 제물로서 하나님을 기쁘시게 할 것이다, 하나님께서 그리스도 예수 안에서 영광 가운데 그 풍성한 대로, 너희 빌립보교회와 성도들

의 모든 쓸 것을 채우시기를 기도한다, 대략 이런 뜻이 된다.

그런데 만약 빌립보서 4장 13절을 전후 문맥을 고려하지 않고서, 쥐 파먹듯이, 이 한 절만 뚝 떼어놓고 해석한다면 어떤 일이 일어나게 되는가? 빌립보 4장 13절만 뚝, 떼내어서, 그 의미를 곰곰이 생각해보기로 하자.

13 내게 능력 주시는 자 안에서 내가 모든 것을 할 수 있느니라
I can do everything through him who gives me strength.

—내가 모든 것을 할 수 있느니라.

한 절만 뚝 떼내서 읽어보면 이 구절은 참으로 굉장한 말씀으로 다가오는 것 같다. 갑자기 막 힘이 나는 것같다. 어깨에 힘이 들어가고 가슴이 벌렁벌렁해진다.

그러나 이 한 구절만 붙든다고 해도, 여기에는 전제가 있다. 내게 힘을 주시는 그분을 통해서, '내게 능력 주시는 자 안에서' 내가 모든 것을 할 수 있다고 했기 때문이다. 그렇지만 아무리 곰곰이 생각해도 의미가 잘 잡히지 않는다. 왜냐하면 이 문장의 앞뒤의 문맥을 무시하고, 딱 한 구절만 고립시켜서 그 의미를 붙잡고 늘어지고 있기 때문이다. 내게 능력 주시는 자라고 했는데, 어떤 능력을 준다는 것인가? 내가 모든 것을 할 수 있다고 했는데, 내가 도대체 무엇을 할 수 있다는 건가?

잠시 이런 묵상도 해보지만, 평소 묵상을 그렇게 자주 한 편도 아닌데, 문맥적 의미를 생각하지 않고 성경을 해석하는 습관이 있는 사람이라면, 거기다가 해결할 문제들이 산적한 탓으로 기도원에 올라와서 급박하게 기도하고 있는 입장이라면, 그 묵상은 잠시 스치고 지

나갈 뿐이고, 다시 '내가 모든 것을 할 수 있느니라' 이 구절에만 집중하게 된다. 거기다가 유명한 부흥강사가, 무거운 짐들을 잔뜩 지고 기도원을 찾은 사람들을 막 웃기고 울리면서, 들었다 놨다 하면서, 내게 능력을 주실 줄로 믿습니다, 믿습니까, 믿으면 아멘 하세요, 거기, 두 손 들고서, 아멘 안 하는 사람들은 오늘 응답을 못 받고 산에서 내려갈 줄 아세요, 이렇게 얼르고 협박하면, 다시 산적한 문제들을 떠올리는 순간, 머릿속이 하얗게 되면서, 거의 자동적으로 두 손을 치켜 올리면서, 아멘, 하게 되는 것이다. 그리고 '나는 모든 것을 할 수 있습니다. 믿습니다.'를 목청껏 복창하게 되는 것이다. 그러면 또 이 아멘에 선물이 없을 수 없다. 방금 아멘으로 응답한 것에 대한 하늘의 화답인 것처럼 갑자기 신나는 전주가 나오지 않는가. 그러면 다 같이 〈할 수 있다 하신 이는 나의 능력 주 하나님〉같은 복음송을 목이 터지라고 부르면서 '나는 모든 것을 할 수 있다'고 다짐하고 또 다짐하게 되는 것이다.

빌립보서 4장 13절 말씀 한 절만 붙들고 묵상하면, 그 의미는 문제해결의 방향으로 해석되기 십상이다. 내가, 내 자아가, 대단하고 위대하다고 생각하게 되고, 기적이 일어나고, 또 반드시 일어나야만 한다고 생각하게 된다. 그러나 간혹 기적이 일어날 때도 있지만, 우리네 삶에는 그렇지 않을 때도 있다. 오히려 그렇지 않을 때가 더 많은 게 우리네 현실이 아닌가. 나는 지금 기적에 대해서 이야기하고 있는 것이 아니다. 전후 문맥을 무시하고, 한 구절만 가지고 거기에 인간의 욕망과 기대를 투사하는 성경 해석은, 해석자 자신과 다른 사람들에게 잘못된 환상을 심어준다는 사실을 나는 말하고 싶은 것이다. 다음의 예를 보기로 하자.

〈예1〉

빌립보서 4장 13절에 "내게 능력 주시는 자 안에서 내가 모든 것을 할 수 있느니라"

인생을 승리로 살아갈 수 있는 능력을 주신 것입니다. 여러분은 못하지요. 나는 안 돼. 할 수 없어. 못해. 그러나 하나님은 말합니다. 내가 너에게 능력을 주었으니 할 수 있어. 해보라. 하면 된다고 말하는 것입니다. 여러분 우리 예수 믿는 사람은 나의 힘으로 살지 않습니다. 예수 믿을 때 하나님께서 성령으로 우리에게 능력을 주셨으니 하나님의 능력을 의지해서 살아가는 것입니다.

그리고는 항상 감사로 제사를 드리면서 우리는 생활해야만 되는 것입니다.

-2007. 11. 4. 설교

〈예2〉

셋째로, 믿음을 강하게 자라도록 해야 됩니다.

일단 마음에 믿음이 생겼으면 믿음이 강하게 자라도록 해야 되는 것입니다. 믿음이 강하게 자라도록 하려면 마음이 항상 긍정적이 되어야 됩니다. 믿음이 자라는 밭이 바로 마음의 생각입니다. 마음의 생각에 믿음이 생기지 않습니까? 여러분 우리가 생각을 통해서 소원하고 생각을 통해서 꿈꾸고 생각을 통해서 믿음을 얻기 때문에 마음에 믿음을 자라게 해야 되는 것입니다.

잠언서 4장 23절에 "모든 지킬 만한 것 중에 더욱 네 마음을 지키라 생명의 근원이 이에서 남이니라"

마음을 지켜야 돼요. 마음이 부정적이고 낭패와 절망을 받아들이면 믿음이 안 생기는 것입니다.

빌립보서 4장 13절에 "내게 능력 주시는 자 안에서 내가 모든 것을 할 수 있느니라"

나는 할 수 있다 하면 된다 해 보자. 긍정적이고 적극적이고 창조적인 마음을 가져야 되는 것입니다. 믿음이란 아직 없는 것을 있는 것처럼 생각하고 바라는 것이기 때문에 없는 것을 있는 것처럼 마음에 그려놓고 바라보고 꿈꾸어야 되는 것입니다. 내가 아직 눈에는 안 보이고 귀에 안 들리고 손에 잡히지도 않고 없는데, 있는 것처럼 바라보고 생각하고 잡아야 되는 것입니다. 항상 아브라함에게 너는 눈을 들어 너 있는 곳에서 동서남북을 바라보라 보이는 땅을 내가 네 자손에게 주리니 영원하리라. 아직까지 내 것이 아닌데……. 그러나 있는 것처럼 없는 것을 있는 것처럼 바라보는 것입니다. 없는 집을 있는 것처럼 생각하고 없는 지위를 있는 것처럼 생각하고 없는 건강을 이미 있는 것처럼 생각하고…….

에베소서 3장 20절에 "우리 가운데서 역사하시는 능력대로 우리가 구하거나 생각하는 모든 것에 더 넘치도록 능히 하실 이"라고 말한 것입니다.

하나님은 조그만큼 주지 않습니다. 넘치도록 능히 하게 해주겠다. 모든 일에 항상 모든 것이 넉넉하여 모든 착한 일을 넘치게 하게 하겠다. 모든 것을 넘치는 것입니다. 그리고 믿음이란 입술의 고백입니다. 믿는 고로 소리 내어 고백해야 되는 것입니다. 네 믿음대로 말해야 되는 것입니다. 작은 재갈 하나로 아무리 큰 말도 우리 마음대로 끌고 다니듯 작은 키로 광풍 속에 배를 움직이듯 작은 혀가 우리 운명을 좌우하는 것입니다.

−2011. 11. 9. 설교

위에 나오는 두 개의 인용은 조용기 목사님의 2000년대 설교를 가져온 것이다.(필자는 설교자의 의도를 중시하기 위해 설교 전체의 문맥과 주제, 그리고 앞뒤 문맥적 상황을 고려하여 위의 내용을 인용했음을 밝혀둔다. 전후 문맥을 고려하지 않는 인용은 비윤리적이고 논리적 폭력이 되기 쉽기 때문이다.) 〈예1〉은 적어도 빌립보서 4장 13절 한 문장에는 충실하려고 한 해석이라고 할 수 있다. '내게 능력 주시는 자 안에서', 이 전제를 의식한 해석이 나오고 있기 때문이다. "나는 안 돼. 할 수 없어. 못해. 그러나 하나님은 말합니다. 내가 너에게 능력을 주었으니 할 수 있어. 해보라. 하면 된다고 말하는 것입니다. 여러분 우리 예수 믿는 사람은 나의 힘으로 살지 않습니다."라는 부분이 그러하다. 그러나 "인생을 승리로 살아갈 수 있는 능력을 주신 것입니다"라고 한 부분을 보면, 이 해석은 빌립보 4장 13절 전후 문맥을 고려한 해석은 아니라고 봐야 한다. 조 목사님이 여기서 말하고자 하는 '승리'할 수 있는 능력이란 바로 앞에 나오는 말씀, "나는 비천에 처할 줄도 알고 풍부에 처할 줄도 알아 모든 일 곧 배부름과 배고픔과 풍부와 궁핍에도 처할 줄 아는 일체의 비결을 배웠노라"라는 문맥과는 거리가 멀기 때문이다.

그런데 〈예2〉에 가면, 조 목사님의 빌립보서 4장 13절에 대한 해석은 〈예1〉의 경우와는 또 다르다. '내게 능력 주시는 자 안에서'라는 전제가 고려되고 있지 않다. 인용의 일부를 다시 찬찬히 살펴보기로 하자.

> "빌립보서 4장 13절에 "내게 능력 주시는 자 안에서 내가 모든 것을 할 수 있느니라"
>
> 나는 할 수 있다 하면 된다 해 보자. 긍정적이고 적극적이고 창조적인 마음을 가져야 되 는 것입니다. 믿음이란 아직 없는 것을 있는 것처럼 생각하고 바라는 것이기 때문에 없는 것을 있는 것처럼 마음에 그려놓고 바라보고 꿈꾸어야 되는 것입니다. 내가 아직 눈에는 안 보이고 귀에 안 들리고 손에 잡히지도 않고 없는데 있는 것처럼 바라보고 생각하고 잡아야 되는 것입니다. 항상 아브라함에게 너는 눈을 들어 너 있는 곳에서 동서남북을 바라보라 보이는 땅을 내가 네 자손에게 주리니 영원하리라. 아직까지 내 것이 아닌데……. 그러나 있는 것처럼 없는 것을 있는 것처럼 바라보는 것입니다. 없는 집을 있는 것처럼 생각하고 없는 지위를 있는 것처럼 생각하고 없는 건강을 이미 있는 것처럼 생각하고…….
>
> 에베소서 3장 20절에 "우리 가운데서 역사하시는 능력대로 우리가 구하거나 생각하는 모든 것에 더 넘치도록 능히 하실 이"라고 말한 것입니다.
>
> 하나님은 조그만큼 주지 않습니다. 넘치도록 능히 하게 해주겠다.

다시 찬찬히 읽어본 독자는 이미 눈치를 챘겠지만, 위의 인용은 빌립보서 4장 13절 중에서 '내게 능력 주시는 자 안에서'라는 전제는 배제되고, '내가 모든 것을 할 수 있느니라'라는 부분을 강조하고 있는 해석이다. "나는 할 수 있다 하면 된다 해 보자. 긍정적이고 적극적이고 창조적인 마음을 가져야 되는 것입니다."라고 말하고 있는 문장만 봐도 그러하다. 그러면서 "내가 모든 것을 할 수 있느니라"는 구절에 기대어, 마음에 그리고 바라보고 꿈꾸라는 논리로 전개되면서, 조용기 목사님 전매특허인 '바라봄의 법칙'으로 귀결되고 있다.(조용기 목사님 설교는 항상 이 '바라봄의 법칙'으로 귀결된다. '바라봄의 법칙'은 조 목사님이 설교할 때마다 거의 예외 없이 도착하는 종점이다. '바라봄의 법칙'은 조 목사님이 설교 속에서 '늘 도착하게 되는 익숙한 길'routine이다.)

이 〈예2〉에는 믿음과 소원욕망의 개념이 뒤섞이고 혼동되고 있다고 나는 생각한다. 이 점은 비단 이 〈예2〉만이 아니라, 조 목사님의 다른 설교들을 들을 때마다(한때 나는 조 목사님 설교를 좋아하고, 가끔 흉내를 내보기도 했던 열렬한 신봉자였다), 내가 늘 직면하던 의문점이었다. "믿음이란 아직 없는 것을 있는 것처럼 생각하고 바라는 것이기 때문에 없는 것을 있는 것처럼 마음에 그려놓고 바라보고 꿈꾸어야 되는 것입니다. 내가 아직 눈에는 안보이고 귀에 안 들리고 손에 잡히지도 않고 없는데 있는 것처럼 바라보고 생각하고 잡아야 되는 것입니다."라는 메시지를 보라. 마음에 그리고 바라보고 꿈꾸어야 한다고 하는데, "없는 집을 있는 것처럼 생각하고 없는 지위를 있는 것처럼 생각하고 없는 건강을 이미 있는 것처럼 생각"하라고 하는데, 그것은 조용기 목사님의 입장에서는 '긍정적인' 마음이겠지만, 내가 보기에, 정확하게 말하자면, 그것은 인간의 욕망이기 때문이다. 빌립보서 4장 13절에서 성경 저자가 말하고자 하는 의도가, 무조건 마음으로 긍정적으로 생각하면서 마음에 그리고 바라보고 꿈꾸면 "내가 모든 것을 할 수 있느니라", 이런 의미란 말인가. 그 마음의 생각이, 바라봄이, 꿈꾸는 것이 '하나님의 뜻'과 상관없이 이루어진다면, 그건 인간 욕망의 충족이자 기복주의이며 인본주의가 아닌가. 믿음을 가진 자라 하더라도 그 사람의 마음과 바라봄과 꿈에는, 하나님 말씀 앞에서 깨뜨려져야 하고 십자가에 못박혀 죽어야 할 옛사람의 속성들이, 죄의 속성들이 가득 차 있지 않는가. 혹시 믿음이 있는 사람의 마음과 바라봄과 꿈은, 항상 선하고 '긍정적'이라는 심리주의적 전제가 이 메시지 속에 들어 있지 않는가. 그래서 이 심리주의는 십자가에 못 박혀야 할 자아의 욕망을 절대화하고 우상화하는 것이 아닌가, 라는 의문을 갖게 되었다는 말이다.

　ー내게 능력 주시는 자 안에서 내가 모든 것을 할 수 있느니라.

　이 말씀은 내가 모든 것을 할 수 있다는 식으로, 주님 안에서 모든 문제들을 해결받을 수 있다는 식으로 해석되어서는 안된다. 내가 모든 것을 할 수 있다고 생각하고, 마구 밀어붙이는 것이 믿음이 아니다. 내가 하나님을 설득해서, 내 뜻을 끝까지 밀어부쳤더니, 하나님께서 설복당하셨다, 이런 게 믿음이 아니다. 열심히 기도해서 하늘 보좌를 뒤흔들어야 한다는 말은 믿음의 말이 아니라 참람한 말이다. 하늘 보좌는 인간의 욕망의 기도에 흔들리는 그런 곳이 아니다.

　하나님을 믿지 않고 자신의 믿음을 믿으려고 하면 안된다. 내게 능력 주시는 자 안에서, 내가 모든 것을 견디고 이기고 할 수 있습니다, 내게 능력 주시는 자 안에서, 나는 어려워도 불평하지 아니하고 주님 바라보고 나아갑니다, 혹 내가 부귀해져도 교만해지고 자랑하고 사는 것이 아니라 오직 주님 바라봅니다, 왜냐하면 능력 주시는 자, 그리스도 예수 안에, 내가 있기 때문입니다, 이게 빌립보 4장 13절이 성경 본문에서 말하는 원래적인 의미이다. 다시 말하면 "문학적 문맥으로 이해할 때 13절은 예수님께 순종하며 그분을 위해 사역하다가 맞닥뜨리게 되는 힘든 상황에 적용되는 구절이다."[98]

---

98) 리처드 L. 슐츠, 김태곤 옮김, 문맥, 성경이해의 핵심(아가페북스, 2014), 83면.

이처럼 문맥을 고려한 해석과 문맥을 무시한 해석과는 엄청난 의미의 차이가 있다. 빌립보서 4장 13절만 놓고 봐도, 문맥적 해석과 비문맥적 해석은 각각 신본주의적 사고와 인본주의적 사고로 귀결됨으로써, 거의 대척적인 의미 차이를 갖게 되는 것이다.

빌립보서 4장 13절을 문맥에서 그 의미를 찾으려고 할 때 그 의미는, 앞서 살펴보았듯이, 4장 11절과 12절을 통해서 확정된다. 성경의 저자가 말하는 원래의 의미가 쉽게 결정될 수 있다. 그런데 4장 13절을 따로 떼어내어 고립시켜서 그 의미를 생각하게 될 때, 갑자기 4장 13절은 그 의미가 미확정적이고 애매모호한 상황이 되고 만다. 수신자 입장에서, 해석자 입장에서, 얼마든지 그 의미를 자의적으로 해석할 여지가 열리게 되는 것이다. 문맥을 무시한 채 성경의 한 구절을 해석하면, 언제나 이렇게 성경 저자의 본래적인 의도와는 상관없는, 잘못된 환상을 사람들에게 심어주는 결과를 초래하게 된다.

성경을 읽을 때, 해석할 때, 가까운 문맥과 성경 전체의 문맥을 생각하는 것은 선택이 아니라 의무다. 문학적 문맥을 파악하기 위해서는 개개의 구절을 넘어 그것이 포함된 단락이나 장까지 읽음으로써, 전체적인 의미를 이해하면 된다. 그 과정에서 우리는 부정확한 '전거 典據 삼기'를 피할 수 있을 뿐 아니라 성경을 보다 잘 이해할 수 있게 된다.[99]

만약 성경을 저자─아버지의 관점에서 읽는 사람이라면 반드시 문맥적인 의미를 고려하면서 읽어야만 한다. 문맥을 살펴서 성경을 해석하는 태도를, 꼬장꼬장한 신학적 전통을 가진 신학교를 졸업했거나, 꼬장꼬장한 문법학자와 같은 성격을 가진 사람들이 하는 짓으로만 보려고 하는 것은 지극히 잘못된 생각이다. 성경 해석은 그 자체

99) 리처드 L. 슐츠, 같은 책, 103면.

가 윤리적인 것이며 영적인 것이다. 어떤 성경 본문을 의도적으로 잘못 해석함으로써 성경 저자가 말하고자 한 의미를 잘못 대변하는 것은 도덕적으로 비난할 만한 일이며, 죄악이 된다. 성경 해석은 진리의 문제를 직접 다룬다는 점에서 진리와 도덕은 분리될 수 없다. 진리의 말씀을 저자—아버지의 관점이 아니라 수신자의 관점에서 자의적으로 해석하는 것은 커다란 죄악이다.[100]

문맥을 고려하지 않고 성경을 자의적으로 해석하는 것을 단순히 사소한 습관 정도로만 치부해서는 안된다. 교만이고 악행으로 봐야 한다. 문맥을 고려하지 않고 성경을 해석하려는 습관이 붙은 해석자는 앞으로 차라리 성경을 해석하지 않는 게 훨씬 나을지도 모른다. 만약 설교자가 그런 습관을 갖고 있다면, 양들로 하여금 제대로 하나님의 뜻을 분별하지 못하게 만들고, 성경의 본의와 관계없는 욕망의 환상을 불러일으킴으로써, 말씀과 전혀 다르게, 혹은 정반대로, 그 말씀의 의미를 이해하게 만드는 중죄를 범하게 되는 것이다. '삼각형의 욕망'의 도식을 가지고 이 두 가지 경우를 설명하면 다음과 같이 된다.

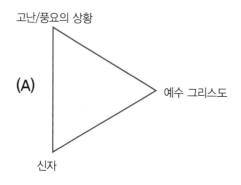

고난/풍요의 상황

(A)

예수 그리스도

신자

100) 단 매카트니/찰스 클레이튼 지음, 같은 책, 40면 참조.

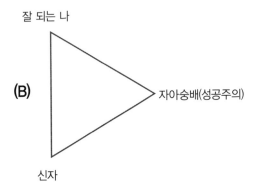

〈A〉의 도식은 빌립보서 4장 13절을 그 앞 11절과 12절의 문맥적 상황을 고려해서 해석할 때, 아니면 적어도 "내게 능력 주시는 자 안에서"라는 전제를 고려해서 해석할 때, 신자가 갖게 되는 태도라고 볼 수 있다. 이 신자는 자신이 예수 그리스도와 십자가에 못박혀 죽었음을 알고 있다. 이제 자신은 예수 안에서 새 생명으로 살아가는 존재임을 알고 있다. 그래서 이 신자는 고난의 상황에서도 절망하지 않고 풍요의 상황에서도 교만해지지 않는다. 반면 〈B〉는 "내가 모든 것을 할 수 있다"는 자아숭배 혹은 성공주의에 사로잡혀서 조엘 오스틴 목사의 경우처럼 '잘 되는 나'를 바라보고 있다. 문맥을 고려한 해석과 문맥을 고려하지 않은 해석은 이처럼 사람들을 신본주의와 인본주의로 갈라놓게 된다는 사실을 우리는 위의 도식을 대비해봄으로써 쉽게 확인할 수 있다.

한국교회에는 문맥을 고려하지 않은 채 성경을 해석하는 걸 별로 심각하게 생각하지 않는 경향이 지배적이다. 문맥의 문제가 그다지 중요한 것으로 생각하지 않아서인지, 숫자나 부흥과 같은 외형적인 문제를 중시하기 때문인지, 문맥적으로 이탈하는 성경 해석에 대해서

관대하고 허용적인 분위기가 한국교회를 지배하고 있다. 그러나 관대할만 할 때 관대하고, 허용할만할 때 허용적이어야지, 성경 해석의 문제를 그렇게 대수롭지 않게 다루어서는 안된다. 성경 해석에서 문맥을 고려하는 문제는 매우 중요한 문제이다. 성경 저자의 본래적인 의미를 그대로 받느냐, 아니냐 하는 문제는 진리와 관련된 중대한 문제이기 때문에 타협이나 절충이 절대로 있을 수 없다.

빌립보서 4장 13절을 고립적으로 해석해서, '내가 문제를 반드시 해결할 수 있다'는 뜻으로 받아들이고서, 이런 맥락에서 그 말씀을 붙들고 기도할 때, 그 사람은 먼저 자신의 기도가 어떤 기도인지를 성경 말씀에 비추어 곰곰이 생각해볼 필요가 있다. 그리스도인의 기도는 자신의 의지를 하나님의 뜻에 완전히 굴복시켜 하나님의 처분에 맡기는 행위이다. 반면 샤머니즘적 기도는 결코 기도의 대상을 향하여 자신의 의지를 굴복시키지 않는다. 오히려 자기를 강하게 세워가고 자기의 뜻을 관철시키려 한다. 만약 자기 뜻이 성취되지 않는다면 그 기도에서 아무 의미를 찾고자 하지 않는다.

매튜 헨리는 〈기도의 방법〉이란 책에서 기도란 하나님을 움직이거나 강요하는 것이 아니라 우리 자신을 움직이게 하고 우리 자신을 강요하는 것이라고 했다.[101] 잔느 귀용은 하나님의 영광을 위한 기도에 대해 이렇게 말한다.

그분 앞에 엎드려서 당신의 허망함을 고백하십시오. 오직 그분의 도구가 되기만을 힘쓰십시오. 그러면 그분은 당신을 이용하시거나, 그분의 뜻 가운데에서 당신을 구별해 놓으실 것입니다. 그분이 원하시는 것들에 철저히 순종하며, 당신 자신이 원하는 것에는 냉담하십시오. 그분이 당신을 사용하시든 사용하시지 않든 그것이 당신에게 문제가 되어서는 안됩니다.

---

101) 유해룡, 기도체험과 영적 지도(장로회신학대학교 출판부, 2009), 46면.

> 하나님의 손 안에 머무르십시오. 그분은 당신을 쓰러뜨릴 수도 있고, 세우실 수도 있는 분이십니다. 그분이 원하시는 모든 것이 당신 안에서 그리고 당신을 통하여 이루어지게 하십시오.[102]

욕구가 기도생활의 기본적인 동기가 되는 것은 사실이지만, 우리가 집요하게 그 욕구에 대한 만족과 안위만을 고집한다면, 우리의 기도는 맹목적인 욕구실현의 도구가 되어버린다. 맹목적 욕구란 비인격적인 간구를 의미한다. 만약 하나님에 대한 신뢰와 순종이 없이 자기욕구에만 집착하는 기도를 한다면, 그 기도는 자기암시적인 심리 작용에 의해, 자신의 욕구를 무조건적으로 보장해주는 왜곡된 하나님의 이미지를 만들게 되며, 그렇게 투사된 이미지로 말미암아 기도자의 인격이 부정적으로 형성될 수도 있다. 그러나 기도는 하나님께 소원 목록을 상정하는 수단이 아니다.[103]

빌립보서 4장 13절을, 문맥을 무시하고 무조건적으로 할 수 있다는, 확신을 주는 구절로 해석하는 것은, 성경의 본의를 무시함으로써, 자아숭배 혹은 기복주의 신앙을 양산하게 된다. 반복해서 강조하는 말이지만, 문맥을 무시하면서 성경을 해석하는 것, 사소한 습관이 아니다. 하나님의 본의보다 인간의 욕망을 우위에 놓고자 하는 교만이고 반역이다. 빌4:13을 문맥을 무시한 채 해석하는 사람은 다음과 같은 욕망 구조를 지니고 있다고 할 수 있다.

---

102) 잔느 귀용, 박선규 옮김, 예수 그리스도와의 친밀함(순전한 나드, 2010), 115면.
103) 유해룡, 같은 책, 47면.

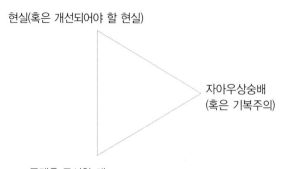

현실(혹은 개선되어야 할 현실)

자아우상숭배
(혹은 기복주의)

문맥을 무시한 채
빌4:13을 해석하는 해석자

　미숙한 인격을 가진 신앙인은 즉각적이고 가시적可視的인 욕구 충족을 바란다. 참을성 있게 인내로 기다리지 못하고 자신이 바라는 욕구가 즉각적이고도 구체적으로 이루어지기 바란다. 지나친 은사 중심주의가 방언이나 기적적인 치유만을 추구한다는 점에서 그러하듯이, 또 축복신앙 또한 하나님의 축복, 그리고 즉각적인 문제해결만을 추구한다는 점에서 다분히 주술적인 성향을 띠기 쉽다. 욕구충족을 신앙의 중심에 놓고 있는 사람은 자신이 바라는 바가 즉시 이루어지지 않을 때, 쉽게 실망과 좌절을 느끼게 되며, 따라서 그 신앙은 쉽게 뜨거웠다가 쉽게 식어버리는 조울증적 성격을 띠게 되는 것이다. 만약 이렇게 문제해결 일변도로만 기도하는 신자가 있다면, 이 사람은 탐심에 사로잡혀 오직 세상의 행복과 성공만을 추구하기 때문에, 하나님의 뜻을 분별하고 하나님의 음성을 들을 여유가 없다. 아니 그럴 필요가 없다. 자신의 욕망과 생각이 바로 하나님이며, 길이요 진리요 생명이기 때문이다.

　기복 신앙의 기도는 구속의 진리를 깨달은 신자가 두렵고 떨림으로 구원을 이루어나가면서 하나님의 영광의 빛을 비추어나가는 그런 신앙과는 거리가 멀다. 자기중심적으로, 이기주의적으로 무조건 비는 기도다. 주술적인 기도다. 혹시 교회를 다니고 있다 하더라도 기복신앙의 소유자는 세상에서 잘 되기 위해서 헌금하고 봉사하고 기도하고 예배한다. 기복신앙의 기도는 중언부언하는 주술적 기도이며, 하나님의 진노를 쌓고 자신과 주변 사람들에게, 그리고 자손들에게 하나님의 저주를 심는 자기파괴적 기도이다.

적지 않은 기독 신자들의 꿈은 대부분 세상 사람들이 말하는 성공과 별로 다를 바 없는 자신의 욕구와 욕망이다. 그들의 꿈은 불신자들이 가지고 있는 세속적 성공과 별로 다르지 않다. 교회 성장의 비전도 기업 확장의 비전과 별로 다르지 않다. 자신이 꿈과 비전을 품기만 하면 하나님이 당연히 자신이 원하는대로 이루어주시는 분인 것처럼 하나님을 자신의 비전 달성의 수단으로 사용하는 것은 기복주의이지 건강한 신앙이 아니다.

물론 참된 교회, 참된 크리스천도 비전과 꿈이 있다. 하나님의 영광, 하나님의 거룩에 대한 비전과 꿈이다. 그런데 하나님에 대한 열망은 껍데기만 남은 채 완전히 사라지고 그 속에 오로지 나 자신의 욕망으로만 가득 차 있다면 그건 기독교의 옷을 입은 기복주의의 모습일 뿐이다. 말한 대로 된다, 상상한 대로 된다는 메시지는 성경의 그 어느 구절을 인용하느냐와 관계없이, 하나님의 영광과 하나님의 거룩을 떠난 신자에게는 자기자신의 욕망충족만을 추구하는 나르시시즘의 주문呪文에 불과한 것이다.

이 시대의 중요한 문화적 가치인 나르시시즘의 특징 중의 하나는 성공, 부富, 미美에 무제한적으로 집착하면서, 자신의 기대와 욕구가 자동적으로 채워지지 않으면 분노한다는 점이다. 기독 신자라고 하더라도 이런 나르시시즘 사고에 사로잡힌 사람은 결코 자기중심적 사고를 벗어날 수 없다. 자신은 특별히 대접을 받아야 하고 성공할 권리가 있다는 천부권天賦權 의식이 나르시시즘 사고를 현대사회에 확산시키고 있다.

현대인들은 대부분 다른 사람의 욕구에 대해 무지하다. 아니면 자신의 욕구만큼 중요하지 않다고 생각한다. 이런 심리 상태가 천부권天賦權이다. 나는 특별한 대접을 받고 성공할 권리가 있다는 확고한 신념이 바로 천부권이다. 천부권은 나르시시즘의 핵심 요소 중 하나이며, 다른 사람에게 가장 많은 피해를 주는 요소이다.[104]

역사적으로 천부권은 적절한 권위에 의해 소유권이나 사회적 지위가 승인되는 것을 의미했다. 영국의 공작이나 백작처럼, 작위를 갖는 것(혹은 천부권을 갖는 것)은 사회적 지위를 명확히 주장하고 소유권을 밝히는 것이었다. 나르시시즘의 측면에서 천부권은 마치 작위를 갖고 있는 것처럼 행동함을 의미한다. 천부권을 지닌 사람은 자신을 다른 사람과는 완전히 다른 존재인 것처럼 생각하며, 왕족이나 되는 것처럼 행동한다.

천부권 의식을 갖고 사는 사람은 다른 사람의 눈으로 세상을 보고 싶어 하지 않는다. 그리고 다른 사람의 불행에 잘 공감하지 못한다. 천부권을 소유한 나르시시스트의 모든 관심은 온통 자기 자신의 경험과 결과물, 욕구에만 집중된다.[105] 나르시시즘의 특징 중의 하나가

---

104) 진 트웬지/키스 캠벨, 이남석 편역, 나는 왜 나를 사랑하는가(옥당, 2010), 124면.

105) 이런 의미에서 필자는 몇 년 전 개그맨 곽한구 씨가 외제차를 한번 절도한 전력으로 집행유예 상태에 있다가 1년도 못되어 다른 외제차를 훔쳐 달아났다가 구속된 사건을 단순한 탐심의 관점에서 보지 않는다. 자신은 무조건 고급 외제차를 타고 다니는 신분이 되고 싶다는 천부권의 나르시시즘에 빠진 것으로 필자는 분석한다. 곽한구 씨는 경찰에서 "그냥 타보고 싶어서 나도 모르는 사이에 타고 갔다"고 진술했는데, 자신도 제어할 수 없는 충동, 이 욕망은 천부권의 나르시시즘의 관점에서 해석해야 한다고 필자는 생각한다.

바로 이런 특권의식이다. 이들은 자신이 남들보다 더 중요한 사람이 므로 더 많은 관심, 특별한 배려, 최고급의 물건과 서비스, 우선권을 받아야 된다고 생각한다.[106] 그러나 행복과 성공의 기준을 세상의 현세주의적인 것에서 찾는 자들은 모두 우상숭배주의자들이다.[107]

말씀의 기준을 떠나 현세주의적 기준에서 자신의 행복과 성공을 위해 기도하고 헌금하고 봉사하는 신자들은 엄격한 의미에서 우상숭배자들이다. 각자의 옳은 소견대로 행하는 것, 자기가 행복과 성공이라고 생각하는 기준대로 사는 것, 그것이 바로 현대 소비사회에 나타나는 사사기의 삶이다.

기독 신자들은 그리스도를 알고 사랑하는 데서 얻는 행복을 추구해야만 한다. 세상의 행복과 성공의 기준에 사로잡혀 있는 자기 자신의 실상을 발견할 수 있어야 한다. 우상숭배를 하면서도 나는 괜찮은 신앙인이라는 자기기만에서 벗어나야 한다. 리처드 벡스터는 신자들의 진정한 행복을 말한다. 하나님은 하나님의 영광스러운 목적을 위해 신자들을 부르셨다. 바로 이 목적이 기독 신자들의 영원한 행복이다. 아브라함의 복과 천부권의 나르시시즘을 분별하는 일은 한국교회 세속화를 극복하기 위해 반드시 필요한 작업이다. 그리고 이 작업은 예를 들면 문맥을 무시한 채 빌립보서 4장 13절을 해석하는 고약한 습관을 고쳐나가는, 아주 작지만 아주 중요한 일부터 시작되어야 한다. 문맥을 무시한 해석은, 극단적인 경우, 기복주의 신앙과 천부권의 나르시시즘 신앙을 대량 생산하는 악행이 되기 때문이다.

---

106) 니나 브라운, 이양원 옮김, 철없는 부모(모멘토, 2006), 60면.
107) 엘리제 피츠패트릭, 내 마음의 우상(미션월드, 2009), 99면.

'희망의 신학'과 성경 해석
– 히브리서 11장 1-3절 해석 문제

히브리서 11장은 소위 '믿음의 장'으로 알려져 있다. 이 11장 중에서 1절은 설교자들이 주로 믿음을 강조할 때 애용하는 구절이다. "믿음은 바라는 것들의 실상이요 보이지 않는 것들의 증거니"라는 말씀은 바라면 실상으로 나타나는 것이 믿음이다, 그러니 믿음의 눈으로 바라보아야 한다, 믿음의 눈으로 바라볼 때 그 믿음은 바로 보이지 않는 것들의 보이는 증거가 된다, 대략 이런 뜻으로 강단에서 많이 인용되고 있는 구절이다.

그런데 1절 뒤에는 2절이 있고, 2절 뒤에는 당연히 3절이 온다. 이세 절을 문맥적으로 연결해서 읽으면 1절만 읽고 묵상했을 때보다는 뜻이 훨씬 구체적이고 확정적이 된다. 일단 이 세 절을 한번 읽어보기로 한다-"1 믿음은 바라는 것의 실상이요 보이지 않는 것의 증거니 2 선진들이 이로써 증거를 얻었느니라 3 믿음으로 모든 세계가 하나님의 말씀으로 지어진 줄을 우리가 아나니 보이는 것은 나타난 것으로 말미암아 된 것이 아니니라.".

1절만 읽었을 때 품게 되던 의문들, 바라는 것들의 실상의 의미가 무엇인지, 보이지 않는 것들의 증거라는 의미가 무엇인지가, 2절과 3

절만 읽어도 조금 잡히기 시작한다. 2절과 3절을 1절과 더불어 읽고서, 잠시 생각한 수고의 대가가 분명하게 주어지는 것이다.

2절에서 "선진들이 이로써 증거를 얻었느니라"는 말씀을 읽고나면, 이 말씀이 믿음의 선진들이 '이로써', 즉 믿음으로써 '보이지 않는 것들의 증거'를 얻었다는 의미임을 알게 된다. 그래서 1절만 읽었을 때의 답답함, 도대체 "바라는 것들의 실상이요 보이지 않는 것들의 증거"가 조금 구체화되기 시작한다. 그리고 도대체 그 '믿음의 선진'이란 누구인가, 라고 약간 궁금한 마음으로 3절 이후를 보게 되면, 11장 끝인 40절까지 소개되고 있는 사람들이 바로 2절에서 말하는 그 '믿음의 선진'인 것을 알게 되고, 따라서 4절부터 40절까지를 꼼꼼하게 읽어내려가면서 '믿음의 선진'들이 '믿음'이 어떤 것이었으며, 어떤 '실상'과 '증거'를 얻었는지를 파악하게 되는 것이다.

이런 관점에서 히브리서 11장을 논리적으로 구조화하면 다음과 같이 된다. 11장의 주제문은 1절과 2절이다. 그리고 3절부터 40절까지는 "믿음은 바라는 것들의 실상이요 보이지 않는 것들의 증거니 선진들이 이로써 증거를 얻었느니라"라는 주제문을 부연 설명하는 내용으로 이루어져 있다. 서른여덟 개의 절들로 이루어진 부연 단락들 중에서 3절과 6절, "3믿음으로 모든 세계가 하나님의 말씀으로 지어진 줄을 우리가 아나니 보이는 것은 나타난 것으로 말미암아 된 것이 아니니라"와 "6 믿음이 없이는 하나님을 기쁘시게 하지 못하나니 하나님께 나아가는 자는 반드시 그가 계신 것과 또한 그가 자기를 찾는 자들에게 상 주시는 이심을 믿어야 할지니라", 이 두 절은 주제문인 1절과 2절의 '믿음'의 의미를 부연적으로 설명하면서 그 의미를 심화시키고 있다. 그리고 이 3절과 6절을 제외한 모든 단락들은 하나님 말씀을 믿고, 믿음으로 하나님을 기쁘시게 해드렸던 '믿음의 선진'의 예들이다—아벨, 에녹, 노아, 아브라함, 사라, 이삭, 야곱, 요셉, 모세, 라합, 기드온, 바락, 삼손, 입다, 다윗, 사무엘과 그 외의 많은 선지자들과 순교자들….

그런데 1절과 2절이 주제문이기는 하지만, 3절에서 40절까지의 부연 설명 부분을 무시한 채 1절과 2절만 갖고서는 그 의미를 제대로 파악하기가 쉽지 않다. 3절에서 40절까지의 부연적인 설명에 기대야만 비로소 1절과 2절의 의미가 구체화될 수 있다. 만약 3절에서 40절까지의 부연 설명 단락들을 제대로 읽지 않고서, 1절과 2절만 읽고서 그 의미를 파악하려고 할 때, 저자—아버지로서의 성경의 저자의 본래적 의미는 배제될 가능성이 매우 높아진다. 그리고 수신자가, 해석자가 자의적으로 그 의미를 해석해버림으로써 오독에 이르게 될 가능성도 높아지게 되는 것이다.[108]

조용기 목사님은 히브리서 11장을 설교 본문으로 선택할 때, 11장 1절을 잘 벗어나지 않는다. 11장1-3절까지를 본문으로 잡은 경우에도, 2절의 "선진들이 이로써 증거를 얻었느니라"는 말씀을 따라서, 그 뒤에 나오는 3절부터 40절까지 나오는 '증거'의 예들을 읽으려고 하지 않는다. 설교 본문을 살펴보면 단 몇 번의 예외가 있기는 했다. 한번은, 6절을 인용한 적이 있었는데, 그건 믿음을 강조하는 내용이었기 때문으로 보인다. 그리고 또 한 번은 8절에 나오는 아브라함의 경우였다.(아브라함은 부자였다는 점에서, 조 목사님이 삼박자 축복을 받은 신자의 예로 즐겨 사용하는 극소수의 성경 인물들 중의 한 사람이다.) 그 외의 인물들은 조 목사님의 삼박자 축복의 사례에 맞지 않

---

108) 여기서 필자는 히브리서 11장 1절과 2절을 성경 본문으로 할 때 뒤에 나오는 3절-40절을 항상 같이 인용하고 언급하라는 얘기를 하고 있는 것이 아니다. 히브리서 3절-40절의 문맥적 의미를 고려한 해석이 히브리서 11장 1절과 2절 해석에 반영되어야 한다는 점을 필자는 강조하고 있다.

는 인물들이기 때문에 제외될 수밖에 없는 운명을 맞는다. 모세조차 25-26절 "25 도리어 하나님의 백성과 함께 고난받기를 잠시 죄악의 낙을 누리는 것보다 더 좋아하고 26 그리스도를 위하여 받는 수모를 애굽의 모든 보화보다 더 큰 재물로 여겼으니 이는 상 주심을 바라봄이라"라는 내용 때문에, 히브리서 11장을 본문으로 하는 조 목사님의 설교에서는 탈락될 수밖에 없었던 것으로 보인다. 삼박자 축복의 '지금 천국'의 원리, 현세주의적인 행복과 형통의 원리에 맞아 떨어지지 않기 때문이다.

히브리서 11장 1절과 2절의 주제문의 의미는 3절에서 40절까지의 부연 단락들을 통해서 그 의미가 결정된다고 했는데, 이런 관점에서 보면 1절에서 말하는 '믿음'은 이 땅에서 '외국인과 나그네임을 증언' 한 사람들의 '믿음'이며, '본향을 찾는 자임'을 나타내는 믿음이다(13절과 14절). 이런 믿음으로 '보이지 않는 것들의 증거'의 삶이 된 것이다. 하지만 현세주의적인 필요충족과 문제해결을 '믿음'의 주된 목표로 간주하는 조 목사님에게 이런 점들은 중요하지 않다. 반복되는 말이지만, 조 목사님은 요한삼서 1장 2절을 근간으로 한 삼박자 축복을 성경의 핵심 주제로 간주하고 있기 때문이다. 이런 관점에서 조 목사님이 히브리서 11장 1절을 본문으로 해서 설교하고 있는 내용을 들어보기로 하자.

"믿음이란 무엇인가?
이 제목으로 은혜를 나누고자 합니다.
성경에는 믿음이란 바라는 것 즉 소망하고 꿈꾸는 목표의 실상이요
보지 못한 것의 증거라고 말하고 있습니다.
쉬운 말 같지만 굉장히 어렵습니다.
믿음은 바라는 것 즉 우리 속에 꿈꾸고 소망하는 것이 반드시 이루어진다는

실상과 증거를 꼭 쥔 것이 믿음이란 것입니다.

실상이란 헬라어로 '휘포스타시스'라고 말하는데

증빙서류, 등기서류 또는 발판 등의 뜻이 있습니다.

우리가 바라고 소망하는 것이 아직 보이지 않아도 믿음이 있으면

바라고 소망하는 것을 반드시 이뤄진다는 믿음이 있으면

그것이 우리가 증빙서류나 집이나 부동산의 등기서류를

증거로 가지고 있는 것과 같다는 것입니다.

집을 아직 이사 가지 않아도 그 집에 등기서류나 증빙서류를 손에 쥐고 있으면

그 집이 내 것인 것처럼 아직 보지 못하고 취하지 못했으나 믿음이 있으면

믿음은 이미 그것이 내 것이 되었다는 증거가 된다는 것입니다.

그렇다면 믿음이란 어디에 있습니까?

무엇을 믿습니까?

믿음은 아무나 믿는 것이 아닙니다.

믿음은 바라는 것들의 실상이요 보지 못하는 것들의 증거인데,

이 믿음은 하나님의 말씀의 믿음을 둔다는 것입니다.

우리가 하나님 말씀을 듣고 난 다음 하나님 말씀을 믿는 것을 말하는 것입니다.

하나님 말씀은 하나님의 인격이 배후에 있기 때문에 절대로 거짓이 될 수가 없습니다.

우리가 하나님 말씀을 듣고 마음에 깨달아야 돼요.

말씀을 듣고도 이 무슨 말인지 모르면 소용이 없어요.

말씀을 듣고 성령으로 말미암아 마음에 깨닫고

그래서 깨달은 그 위에 분명한 꿈을 꾸고 담대하게 나도 믿는다. 이루어진다.

그렇게 하면 기적이 일어난다는 것입니다.

우리가 믿음이란 실상과 증거를 갖고 담대히 나아가면

성령께서 놀라운 역사를 이루는 것입니다.

우리가 이루는 것이 아닙니다.

우리가 믿음을 가지면 하나님께서 네 믿음대로 될찌어다 하시고

성령이 역사하시는 것입니다.

조 목사님에게 히브리서 11장 1절에 나오는 '믿음'은, 3절에서 40절까지의 부연 설명 단락에서 그 의미가 구체화되는 그런 믿음이 아니

다. 이 땅에서 '외국인과 나그네임을 증언'한 사람들의 '믿음'도 아니고, '본향을 찾는 자임'을 나타내는, 그런 믿음도 아니다. 문맥적 의미를 고려하는 해석을 조 목사님에게서 기대하기는 거의 불가능하다. 그걸 조 목사님 특유의 성경 해석 습관이라고만 봐서는 안된다. 조 목사님에게는 이미 요한삼서 1장 2절이 성경의 전체에서 가장 중요한 의미가 되는 핵심 구절로서, 1960년대 이후 이미 '선험적'으로 결정되어 있기 때문이다. 그런 연유로 조 목사님은 히브리서 11장 1절을 해석할 때도, 굳이 구차스럽게 3절에서 40절의 부연 단락들을 힘들게 읽어서 1절의 의미를 구체화할 필요성이 없다. 성경의 저자가 말하는 본래적 의미는 조 목사님의 성경 해석 작업에서 별로 중요하지 않다. 그저 그 자신이 성경의 중심이라고 주장하는 삼박자 축복론을 지지할 수 있는 성경 구절들만 몇 개 찾아서, 문맥적 고려 없이 써먹기만 하면 되기 때문이다. 위에서 인용한 설교 내용 중의 일부를 다시 살펴보자.

성경에는 믿음이란 바라는 것 즉 소망하고 꿈꾸는 목표의 실상이요
보지 못한 것의 증거라고 말하고 있습니다.
쉬운 말 같지만 굉장히 어렵습니다.
믿음은 바라는 것 즉 우리 속에 꿈꾸고 소망하는 것이 반드시 이루어진다는
실상과 증거를 꼭 쥔 것이 믿음이란 것입니다.
실상이란 헬라어로 '휘포스타시스'라고 말하는데
증빙서류, 등기서류 또는 발판 등의 뜻이 있습니다.
우리가 바라고 소망하는 것이 아직 보이지 않아도 믿음이 있으면
바라고 소망하는 것을 반드시 이뤄진다는 믿음이 있으면
그것이 우리가 증빙서류나 집이나 부동산의 등기서류를
증거로 가지고 있는 것과 같다는 것입니다.
집을 아직 이사 가지 않아도 그 집에 등기서류나 증빙서류를 손에 쥐고 있으면

그 집이 내 것인 것처럼 아직 보지 못하고 취하지 못했으나 믿음이 있으면 믿음은 이미 그것이 내 것이 되었다는 증거가 된다는 것입니다.

조 목사님은 히브리서 11장 1절에서 말하는 '믿음'을, "믿음은 바라는 것 즉 우리 속에 꿈꾸고 소망하는 것이 반드시 이루어진다는 실상과 증거를 꼭 쥔 것이 믿음이란 것입니다."라고 말한다. 조용기 목사님 식의 믿음, "우리 속에 꿈꾸고 소망하는 것이 반드시 이루어진다는" 필요충족과 문제해결의 믿음이다. "우리가 바라고 소망하는 것이 아직 보이지 않아도 믿음이 있으면 증빙서류나 집이나 부동산의 등기서류를 증거로 가지고 있는 것과 같"으며, "집을 아직 이사 가지 않아도 그 집에 등기서류나 증빙 서류를 손에 쥐고 있으면 그 집이 내 것인 것처럼 아직 보지 못하고 취하지 못했으나 믿음은 이미 그것이 내 것이 되었다는 증거"가 되고마는 물질 축복과 만사형통의 믿음이다.

그런데 3절에서 40절까지에서 부연적으로 설명하는 바에 의하면, 이 '등기서류'는 이 땅에서의 '내 집'과 '내 것'이 아니고, '더 나은 본향'의 '등기서류'의 의미를 갖는다. 하지만 거의 모든 해석에서 성경의 문맥을 초월하는 조 목사님에게 이 점은 아무런 문제가 되지 않는다. '죽은 뒤의 천국이 아니라 지금의 천국'이 되어야만 한다는 조 목사님의 문제해결 중심의 삼박자축복론의 시각은, 1960년대나, 지금 인용한 설교가 이루어진 2013년이나 조금도 달라지지 않고 있다.

개척 초기에 확립된 조 목사님의 소망의 메시지, 즉 '희망의 신학'도 마찬가지다. 1960년대 가난하고 힘든 삶을 살아가는 사람들에게 소망을 전해야만 한다는 의식개혁 중심의 '희망의 신학'은 어떤 경우에도 반드시 낙심하고 절망한 사람들에게 격려와 위로를 주어야 한다는 당위를 벗어나지 않는다. 아니 벗어나지 못한다. 격려와 위로와 소망을 주는 것이 잘못되었다는 것이 아니다. 현세적으로 격려와 위로를 주지 못하는 성경 말씀들이 문맥적으로 무시되고 외면되는 것이 문제라는 말이다.

'절대적으로' 신자들에게 '소망'을 주기 위해서는 히브리서 3절에서 40절까지의 전후 문맥은 '절대적으로' 고려해서는 안된다. 특히 36절부터 39절까지의 내용은 언급조차 해서는 안된다. 신자들이 보려고 해도 말려야 하고, 설교를 하는 중에도 신자들에게 그 부분을 손으로 가리라고 하고 싶은 판국이다. 신자들(고객들)이 충격을 받고 부담을 느낄 수밖에 없는 내용이기 때문이다. 연약하고 상처받기 쉬운 신자들(고객들)에게 이런 내용까지 문맥적으로 고려해서 제시하는 것은 교회 마케팅주의의 관점에서 보면 거의 자폭적인 행위가 되지 않겠는가—"36 또 어떤 이들은 조롱과 채찍질뿐 아니라 결박과 옥에 갇히는 시련도 받았으며 37 돌로 치는 것과 톱으로 켜는 것과 시험과 칼로 죽임을 당하고 양과 염소의 가죽을 입고 유리하여 궁핍과 환난과 학대를 받았으니 38 (이런 사람은 세상이 감당하지 못하느니라) 그들이 광야와 산과 동굴과 토굴에 유리하였느니라 39 이 사람들은 다 믿음으로 말미암아 증거를 받았으나 약속된 것을 받지 못하였으니"

조용기 목사님의 희망의 메시지는 그 시대적 뿌리는 1960년대 한국적 상황에 기인하는 것이지만, 그 이론적 토대는 미국제(美國制) 심리주의에 근간하고 있다. 1960년대 힘든 목회 상황에서 요한삼서 1장 2절을 근간으로 삼박자 축복론을 구축한 조 목사님은, 그 이후 노만 빈센트 필이나 로버트 슐러 목사의 심리주의로부터 큰 영향을 받으면서 소망의 메시지를 더욱 강화해왔다. 필자의 주장이나 생각이 아니다. 조 목사님 스스로 자신의 2013년도 설교 속에서도 드러내고 있는 사실이다.

로버트 슐러 목사님은 이런 말을 했습니다.

"하나님이 인간에게 주신 놀라운 선물 가운데 하나는 상상력이다."

우리 마음의 생각은 하나님이 주신 선물로서 소중한 것입니다.

로마의 황제였던 마르쿠스 아우렐리우스는 "한 사람의 인생은 그의 생각에 따라 만들어진다"라고 말한 것입니다.

눈에 보이는 행동이 아니라 그 마음속에 안 보이는 생각에 따라서 인간이 만들어진다.

미국의 사상가이자 시인인 랄프 왈도 에머슨은 "사람이 온종일 품고 있는 생각은 바로 그 자신이 된다"라고 말하여 생각의 중요성을 강조했습니다.

하루 종일 생각하고 있으면 생각이 그가 된다는 것입니다.

노만 비센트 필 박사는 "그대의 생각을 변화시켜라. 그러면 그대는 그대 자신의 세계를 변화시키게 될 것이다"

생각이 달라지면 환경이 달라진다는 것입니다.

이러한 말들은, 마음의 생각이 눈에 보이지 않지만 우리의 인생을 변화시키는 중요한 것임을 알려주는 것입니다.

다시 말하면 눈에 보이는 모든 세계가 안 보이는 하나님의 생각에 의해서 만들어진 것입니다.

생각이 있고 만물이 있는 것입니다.

우리 주위 환경도 우리 생각이 있고 만물이 이루어진 것입니다.

여의도순복음교회를 보고 장엄하다고 생각한 것입니다.

50여 년 전에 이미 세워진 건물이니까 장엄하지요.

그러나 이 건물이 그대로 된 것은 아닙니다.

먼저 저의 생각에 안 보이는 형태로 있었습니다.

오랫동안 저는 이 교회를 생각 속에 꿈꾸고 있었어요.

그 생각이 나타난 것이 건물이 된 것입니다.

그러므로 생각이 먼저 있고 현실이 나타난 것입니다.

물질세계는 안 보이는 생각을 통해서 나타나기 때문에 하나님의 생각인 말씀을 받아들이고 집중하면 그 말씀이 우리를 통해서 나타나게 되는 것입니다.

우리가 꿈과 목표를 갖고 그것을 생각하며 바라볼 때 믿음이 생깁니다.

목표를 두고 꿈을 꾸고 그것을 늘 바라보고 생각하면 믿음이 생깁니다.

그러면 우리 인생은 믿음대로 되는 것입니다.

믿음은 우리가 바라는 것이 이루어진 모습에 집중해야 하는 것입니다.

믿기만 하면 믿음은 바라는 것의 실상이요 보지 못하는 증거이기 때문에 이미 문서를 손에 쥔 것입니다.

믿기만 하면 믿은 대로 되는 것입니다.

믿음이 바로 이루어진 것과 같은 것입니다.(이상의 밑줄들은 필자가 표시한 것임)

위의 설교에 나오는 믿음과 생각, 믿음과 상상력, 믿음과 꿈과 목표와의 관계에 대한 논의는 다음으로 미룬다. 그것만으로 적어도 책 한 권 이상의 분량이 될 수 있기 때문이다. 여기서는 다만 '희망의 신학'의 성경 해석자로서 조 목사님이 로버트 슐러나 노만 빈센트 필같은 심리주의를 1960년대 이후 수십 년 동안 계속해서 중시하고 지지하고 있다는 사실을 확인하는 것으로 족하다. 적극적 사고, 긍정적 사고와 같은 심리주의적 개념들은 조 목사님의 '희망의 신학'를 지지하고 떠받치는 중요한 이론적 준거로 작용해왔으며, 조 목사님의 '소망의 메시지'에 매우 큰 영향을 끼쳐왔다고 할 수 있다.[109]

간단히 말하자면 언제나 소망적인 생각과 상상력을 믿음과 결부시키고 있는 조 목사님의 설교에는 항상 소망적 메시지로만 충만하다. 이와 반대로 현세적으로 소망을 줄 수 없는 말씀은 조 목사님의 설교에서 언제나 배제된다. 소망적 메시지를 지지하지 않거나 그것들과 맞지 않는 성경 말씀들은, 그 말씀들도 분명히 하나님의 뜻을 나타내는 말씀임에도 불구하고, 긍정적이고 소망적이 아니라는 죄목(?)으로, 조용기라는 성경 해석자에 의해 문맥적으로 무시되고 배제되고 마는 것이다. 조 목사님의 이러한 성경 해석을 욕망의 삼각형에 의해

---

109) 조용기 목사님은 목회관과 교회성장관에서 로버트 슐러 목사와 일정 부분 서로 공유하는 영역이 있었음은 분명하다. 이 점은 로버트 슐러 목사가 조 목사님의 저서 〈사차원의 영적 세계〉(서울말씀사, 2005)에 '추천의 글'을 쓴 사실, 그리고 그 전후로 로버트 슐러 목사가 여의도순복음교회에 와서 설교를 한 사실 등에서도 확인될 수 있다.

생각해보면 다음과 같다.

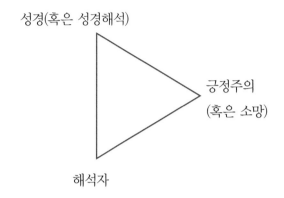

바꾸어 말하면, 조 목사님이 말하는 '소망'은 항상 '지금 천국'과 깊은 관련을 갖고 있기 때문에, 히브리서 11장 3절-40절의 내용-예를 들면, '외국인', '나그네', '본향', 순교, 고난과 같은 비현세주의적이고 무겁고 부담스러운 말씀들-은 항상 삼박자 축복론의 그물망에 의해 걸려져서는, 결과적으로 무시되고 배제되고마는 것이다. 이 사실은 로버트 슐러 목사가 '죄'라는 개념이 사람들에게 부담을 주기 때문에 '죄'를 성경에서 탈색시키고자 했던 사실과 어느 정도 동종적 유사성을 갖고 있다고 할 수 있다. 물론 로버트 슐러 목사의 '긍정'의 그물망과 조용기 목사님의 '삼박자 축복론'의 그물망은 그 구조가 똑같지는 않다. 이 점에 대해서는 조금 뒤 '오중복음'을 논하면서 언급하기로 하고, 여기서는 잠시 조 목사님의 삼박자 축복론의 그물망에 대해서만 잠시 고민해보기로 한다.

그렇다면 믿음이란 어디에 있습니까?

무엇을 믿습니까?

믿음은 아무나 믿는 것이 아닙니다.

믿음은 바라는 것들의 실상이요 보지 못하는 것들의 증거인데, 이 믿음은 하나님의 말씀에 믿음을 둔다는 것입니다.

우리가 하나님 말씀을 듣고 난 다음 하나님 말씀을 믿는 것을 말하는 것입니다.

하나님 말씀은 하나님의 인격이 배후에 있기 때문에 절대로 거짓이 될 수가 없습니다.

우리가 하나님 말씀을 듣고 마음에 깨달아야 돼요.

말씀을 듣고도 이 무슨 말인지 모르면 소용이 없어요.

말씀을 듣고 성령으로 말미암아 마음에 깨닫고 그래서 깨달은 그 위에 분명한 꿈을 꾸고 담대하게 나도 믿는다. 이루어진다.

그렇게 하면 기적이 일어난다는 것입니다.

매우 은혜로운 말씀처럼 들린다. 그런데 나는 그렇지 못하다. 왜냐하면 "이 믿음은 하나님의 말씀에 믿음을 둔다는 것"이고 "우리가 하나님 말씀을 듣고 난 다음 하나님 말씀을 믿는 것을 말하는 것"인데, 조 목사님이 말하는 '하나님 말씀'은 이미 삼박자 축복과 오중복음에 의해 걸러진 말씀이며, 그래서 삼박자 축복론을 지지하기에 적당한 것들만 걸러낸 말씀이며, 성경의 가까운 문맥과 전체 문맥을 무시한 채, 히브리서 11장만 해도 3절에서 40절까지의 내용은 무시한 채, 소망의 메시지, 즉 수신자 중심적으로 걸러낸 말씀들이기 때문이다. 좀 더 근본적으로 말하자면 삼박자 축복론이 하나님 말씀을 섬기는 것이 아니라, 성경이 조 목사님이 창안한 삼박자 축복론을 섬기고 있는 모양새처럼 여겨지기 때문이다.

두 개의 얼굴을 가진 '오중복음'
– '복음' 속에 숨어 있는 세속화의 통로

삼박자축복론과 오중복음의 사이
– 극단적인 너무나 극단적인 복음 마케팅

삼박자축복론은 오중복음과 밀접한 관련성을 갖고 있다. 이 양자의 관계를 이영훈목사는 "조용기 목사님은 십자가의 은혜를 입은 자녀가 누리는 복을 '삼중 축복'(영·혼·육의 축복)으로 정리하셨고, 예수님의 십자가의 부활 사건으로 인해 전해지는 충만한 복음Full Gaspel을 '오중 복음'(중생의 복음, 성령 충만의 복음, 신유의 복음, 축복의 복음, 재림의 복음)으로 체계화하여 목회 철학으로 삼으셨습니다."라고 설명하고 있다.[110] 이영훈목사에 의하면 삼박자축복론과 오중복음은 '정리'와 '체계화'로 설명된다. 즉 조용기 목사님은 성경에서 말하는 복을 '삼중 축복'으로 '정리'했고, '오중복음'으로 성경의 복음을 '체계화'했다는 논리이다. 이 '정리'와 '체계화'의 과정에서 선행적인 것은 전자다. '정리'가 있었고 '체계화'가 있게 되었다. 다시 말해서 삼박자축복론이 먼저 나왔고, 그 뒤에 삼박자축복론을 뒷받침하기

---

110) 조용기, 4차원의 영성(교회성장연구소, 2011), 7면 〈발행인 머리말〉

위해 오중복음이 '체계화'된 것이다.

이 점은 조용기 목사님의 말에서도 다시 확인된다. 조 목사님은 이 양자의 관계에 관해 "중생, 성령충만, 축복, 신유, 재림—이 다섯 가지 복음은 나의 메시지의 핵이요, 성경이 말하고 있는 복음의 진수라고 생각합니다. '오중복음'이 순복음 신앙의 이론적인 부분이라면 '삼중축복'은 오중복음의 실천 부분이라고 할 수 있을 것입니다."라고 말하고 있다.[111] 조 목사님에 의하면 오중복음과 삼중축복은 '이론'과 '실천'의 관계이다. 삼박자 축복론이 조 목사님이 목회현장에서 부딪치면서 경험하고 적용하게 된 '실천'적 목회관의 핵심이고, 오중복음은 삼박자축복론을 성경적으로 뒷받침하기 위한 '이론'적 근거가 되는 것이다. 조 목사님의 목회 태초에 삼박자축복론이 창조되었고, 그 후에 오중복음이 나오게 된 것이다.[112]

1960년대 조용기 목사님의 메시지는, 앞서 삼박자축복론에서 살펴보았듯이, 문제해결적 속성과 소망과 위로의 성격을 갖고 있었다. 조 목사님의 이러한 메시지는 당시 가난하고 고통스러운 한국인들에게 상당한 호소력을 가지고 있었다. "고리타분하고 딱딱한 교리 설교보다는 부흥회식의 감정적인, 우리 생활을 윤택하게 할 수 있는 생활 가이드식 설교"를 보여줌으로써, "대중에게 호감을 줄 수 있고 마음을 파고드는" 힘을 갖고 있었다.[113]

---

111) 조용기, 오중복음과 삼중축복(서울말씀사, 2012), 〈머리말〉

112) 자료에 의하면 삼박자 축복론은 1977년에 〈삼박자 축복〉(영산출판사)라는 제목으로, 그리고 1978년에 〈삼박자 구원〉(영산출판사)이라는 제목으로 출간되었다. 그리고 오중복음과 관련된 조 목사님의 저서는 1983년 〈오중복음과 삼박자 축복〉(영산출판사)이라는 제목으로 출간되었다. 그러니까 조용기 목사님은 삼박자축복론은 1960년대를 지나 70년대에 이르러 목회 현장에서의 '실천'적인 근거를 확립했으며, 1980년대 초에 이르러 삼박자축복론을 '체계화'한 오중복음을 확립한 것으로 볼 수 있다. 김동수·류동희 공저, 영산 조용기 목사의 삶과 사상(킹덤북스, 2010), 392~393면 참조.

113) 김덕환, 조용기 목사, 그는 과연 이단인가(한국광보개발원, 1981), 118면, 119면.

그러나 바로 이런 성격 때문에 당시 조 목사님의 메시지는 지나치게 기복주의적 관점에서 성경을 문제해결 중심적으로 해석하고 있다는 반론에 직면하지 않을 수 없었다. "그렇다고 해서 순복음중앙교회가 사교냐? 그것은 아니라고 생각한다. 다만 조용기 목사에게 민간신앙적인 요소가 팽대하다는 명백한 사실을 주장하고 싶을 뿐이다."라는[114] 지적에서도 나타나듯이, 요한삼서 1장 2절을 근간으로 한 조 목사님의 '삼박자축복론'은 당시 한국교회 복음주의권에서 볼 때 기복주의적이라는 의구심에서 자유로울 수 없었다. 그러니까 조용기 목사님은 "잘 살 수 있는 방법은 훌륭히 방향 제시를 해주지만 그 속에 정작 있어야 할 기독교 교리, 즉 예수 그리스도의 말씀과 십자가가 없다는 점에서 볼 때, 그의 긍정적 믿음은 결국 개인 개인이 잘 살기 위한 투쟁적 수단 이외에는 다른 뜻이 없게 된다."는[115] 지적에서 나타나듯이, 당시 한국교회가 보내고 있던 의구심의 눈길에 대해 성경적으로 답해야만 하는 목회적 당위성에 직면하게 되었던 것이다.

그래서 당시 조용기 목사님은 '하나님의 축복과 무속적 기복신앙', '축복과 도덕성'같은 제목의 설교들을 통해 자신의 삼박자축복론과 무속신앙의 차이를 설명하면서 기복주의적이라는 비판에 대응하게 된다. 그리고 자신의 삼박자축복론이 성경에서 말하는 복음에 근거하고 있다는 논리로서 '오중복음'을 제시함으로써, 자신의 복음적 입장을 '체계화'하게 된 것이다.

그러니까 오중복음은 태생적으로 삼박자축복론에 종속되는 속성을 갖고 있다. 오중복음—중생의 복음, 성령충만의 복음, 재림의 복음, 신유의 복음, 축복의 복음—중에서 중생의 복음, 성령충만의 복

114) 김덕환, 같은 책, 114면.
115) 김덕환, 같은 책, 119면.

음, 재림의 복음은 요한삼서 1장 2절 삼박자 축복 중에서 '영혼이 잘 되고'에 대응된다. 그리고 신유의 복음은 '강건하기를'에 대응되고, 축복의 복음은 '범사가 잘 되고'에 대응된다고 볼 수 있다. '삼중축복과 오중복음과의 상관관계'를 설명하는 책을 보면, 삼박자 중에서 '영혼의 축복'은 중생의 복음, 성령충만의 복음, 재림의 복음과 관련된 것으로, '생활의 형통'은 '축복의 복음'으로, '육체의 건강'은 '신유의 복음'과 관련된 것이라고 설명되고 있다.[116] 성결교의 사중복음은 중생, 성결, 신유, 재림이다. 그러니까 조 목사님의 오중복음은 성결교의 사중복음에 '축복의 복음'이 하나 더 들어가는 셈이다. 이 글에서는 '생활의 형통'과 관련되는 '축복의 복음'이 오중복음에 들어갈 때 발생되는 문제에만 논의를 집중하기로 한다.

이 사실을 거꾸로 돌려놓고 생각해보면, 삼박자축복론 중에서 '생활의 형통'이 기복주의로 의심받는 부분이었는데, 조용기 목사님이 아예 이 '생활의 형통'의 복을, '복음'에 넣어버리기로 작정하고 만들어낸 것이 '오중복음'이라고 할 수 있다. 삼박자축복론에 대해서 당시 한국교회 일각에서 기복, 기복, 기복, 이런 의심과 비판을 하고 나오니까, 아예 그런 말이 나오지 않도록 하기 위해, '축복'을 아예 '복음' 속에 넣어버리는 용단을 내린 것이다.

앞서 소개했듯이 불광동 천막교회 시절 이초희라는 여인을 만나서 전도하다가 오히려 그 여인에게 설득당했을 때 조용기 목사님의 생각을 사로잡았던 것은 "지금 우리의 삶 속에 천국이 와야" 한다는 것이었다. "그렇다! 죽은 뒤에 천국이 아니라 지금 천국이 필요하다! 하나님은 우리를 너무나 사랑하시기에 우리가 행복하길 원하고 계시지 않

---

116) 조용기, 오중복음과 삼중축복(서울말씀사, 2012), 262–263면 참조.

은가?"[117]라는 조 목사님의 각성 속에는 '지금 천국'의 '필요'가 깊이 각인되어 있었고, 이러한 현실 인식이 '생활의 형통'을 '복음'으로 만들어 '오중복음' 속에 편입시키게 된 것이라고 볼 수 있다.

이렇게 조용기 목사님이 '생활의 형통'을 '복음'으로 집어넣은 '오중복음'은 강력한 복음 마케팅의 관점에서 이해되어야 한다.[118] 교회 마케팅의 대부라고 불리는 조지 바나가 교회 마케팅이란 교회가 목표로 하는 사람들의 영적, 사회적, 정서적, 물질적 필요를 충족시키기 위한 것이라고 했는데, 조 목사님이 '지금 천국'의 '필요'를 강조하면서 '생활의 형통'을 '복음'으로 편입시키는 논리에는 이미 교회 마케팅적인 사고가 배태되어 있기 때문이다. 조지 바나의 말대로 "사람들이 느끼는 필요felt-needs를 충족시키는 것"이 교회 마케팅의 핵심이라고 한다면, 조 목사님은 이미 1960년대에 이런 마케팅적인 사고의 바탕 위에서 '생활의 형통'을 '복음'에 넣고자 한 것이다.

삼박자축복론과 오중복음은 1960년대 당시 복음주의권의 새마을운동과 같은 성격을 갖고 있었다.[119] 가난의 한을 가진 한국인들이 '잘 살아보세'라는 구호를 외치며 달려갔던 당시에 나타난 삼박자 축복론은 대중들에게 강력한 호소력을 갖고 있었다. '죽은 후에 천국'이 아니라 '지금 천국'을 강조하면서 예수를 믿음으로 영혼이 잘되고 범

---

117) 조용기, 4차원의 영성(교회성장연구소, 2010), 185면, 186면.

118) 오중복음이 지니고 있는 복음 마케팅적인 성격은 이 글에서 지속적으로 다루어진다. 필자가 판단하기에 조용기 목사님은 2000년 전후로 미국 쪽에서 나온 교회 마케팅보다 적어도 30년 이상 앞선 교회 마케팅주의자이다. 물론 필자의 이 말은 조 목사님이 마케팅 이론에 바탕을 둔 교회 마케팅을 시작했다는 의미는 아니다. '축복'을 '복음'에 편입시키는 오중복음의 논리 자체가 태생적으로 교회 마케팅의 속성을 지니고 있다는 의미다.

119) 조용기 목사님의 회고를 들어보면 당시 박정희 대통령이 조용기 목사님을 청와대로 불러서 한국사회에 필요한 것이 무엇인가라고 물었을 때 조 목사님이 새마음운동이 필요하다고 역설했다고 한다. 그런데 당시 서울시장이었던 김현옥 씨가 '새마음운동'이 너무 종교적인 냄새가 난다고 건의하는 바람에, 나중에 '새마을운동'으로 바뀌었다는 것이다. 조용기 목사님에게 '새마음운동'에 해당되는 것은 소망의 메시지를 강조하는 '희망의 신학'이다.

사가 잘 되고 건강한 복을 받게 된다는 사실을 강조하는 조 목사님의 메시지는 당시 폭발적인 위력을 갖고 있었다.

   이 신앙사상(삼박자 축복론-필자 덧붙임)이 한국교회에 준 좋은 영향은 성서에서 적극적인 면을 찾아낸 데 있다. 사실 60년대 전까지는 한국교회가 성서를 보는 눈은 너무나 어둡고 율법적이며 의무적인 윤리에 제한되어 오고 있었다. 인간의 병적 요소는 매사를 아전인수격으로 보려는 본능이 있다는 데 있다. 환경이 어둡고 암울해 있을 때, 그들의 눈도 어둠에 익숙해짐으로 어느새 매사를 어두운 방향으로 보게 되는 것이다… 그러나 60년대 후반에서부터 한국사회는 근대화의 합창이 울리기 시작하고, 기염처럼 수많은 공장들에서 굴뚝의 연기들을 토해내기 시작하자, 피난처에서 하늘의 위로만 기다리던 수많은 성도들은 세상이 저주의 도시만은 아니라고 느끼어졌고, 너나없이 저 빛나는 황금주의나 소비성 사회의 짜릿한 쾌락에 깊이 빠져들기 시작했다. 모든 시민들과 더불어 한국교회 민중들도 삶의 시장에 적극적으로 뛰어들어 그들이 맛본 삶의 쾌락을 더 크게 맛보려고 했던 것이다. 부정적인 시대는 지나가고 70년대의 시대는 적극적인 사고방식의 시대였다. 이와 때를 맞추어 성서를 보는 눈도 적극적인 관점을 가지게 되었다. 교회 민중은 아직도 구태의연이 세상을 소돔과 고모라로 몰아치는 기성교단의 강단에 염증을 느끼었고, 결국 피로하게 대하고 있었다. 이 때에 그들의 요구를 깊이 충족해 주는 설교자가 나타났다. 그가 바로 조용기 목사였다. 수많은 인파는 그로부터 세상에서 승리하고 성공하는 방법을 들으려고 그에게 몰려들기 시작했다. 그는 성서를 적극적인 방향에서 해석해주고 있었다. 그는 영적인 구원뿐 아니라 범사에 형통한 길을 얻을 수 있으며, 건강에 대한 구원도 설교에서 주고 있었다. 그의 신관은 과거 '엄위하신 하나님'에 대한 견해와는 달리, '좋으신 하나님'으로 설명해주고 있었고, 건강의 축복을 강조했고, 하나님 안에서 물질 축복을 받는 비결을 실제적으로 교육해주었다…. 그것은 근대화의 선두주자들이 '하면 된다'는 신념에서 이룩한 저 거대한 빌딩과 장엄해 보이기까지 하는 공장과 확 트인 고속도로 시대에 때맞춘 민첩한 성서 해석이었다….[120]

---

120) 김덕환, 같은 책, 132-133면.

이 설명처럼 삼박자축복론의 한 축인 '생활의 형통'을 오중복음 중의 한 '복음'으로 만든 조용기 목사님의 복음 마케팅은 '때 맞춘 민첩한 성서 해석'이었다. 조 목사님의 복음 마케팅은 당시 대중들의 "요구를 깊이 충족해주는 설교"였다. 그 복음 마케팅은 "세상에서 승리하고 성공하는 방법"을 말해주고 있었고, "영적인 구원뿐 아니라 범사에 형통한 길을 얻을 수 있으며, 건강에 대한 구원도 설교에서 주고 있었다". 거기다가 "하나님 안에서 물질 축복을 받는 비결을 실제적으로 교육해"줌으로써 고객을 위한 최상의 마케팅을 보여주고 있었던 것이다.

이런 관점에서 필자는 조 목사님을 2000년대 미국에서 나온 교회 마케팅론보다 적어도 30여 년 이상 앞선, 교회 마케팅주의자로 해석하고자 한다. 필자가 판단하기에 조 목사님은 2000년대 윌로우크릭 교회의 빌 하이벨스 목사나 새들백 교회의 릭 워렌 목사보다 훨씬 강력한 마케팅 호소력과 성과를 보여준 교회 마케팅의 대가다. 차이가 있다면 윌로우크릭 교회의 빌 하이벨스 목사나 새들백 교회의 릭 워렌 목사가 관계성이나 필요충족을 통해서 사람들을 교회로 불러들인 후, 차츰 희석화된 복음으로 사람들을 변화시키려고 시도한 반면[121], 조 목사님은 '생활의 형통'을 아예 처음부터 '복음'으로 포장하여, '영혼의 축복'과 함께 삼박자로 끼워 파는 과감하고 '민첩한' 복음 마케팅을 1960년대부터 시작했다는 점이다. 1960년대 당시 천막교회로 시작한 목회 상황에서 당시 사람들에게 구체적인 필요를 충족시켜줄 수 없었던 조 목사님은, 아예 '복음' 속에 '생활의 형통'을 집어넣고서는, 하나님께서 '생활의 형통'을 이미 '구원'의 언약으로 약속하셨다고 선포하기 시작했다. 그 '약속'을 믿으면 '지금 천국'을 건설할 수 있다

121) 옥성호, 마케팅에 물든 기독교(부흥과 개혁사, 2009), 219-327면 참조.

는 논리로, 하나님의 복음을 마케팅하기 시작했던 것이다.

마케팅의 핵심 중의 핵심은 사람의 필요를 찾아내서 효과적으로 채워주는 것이다. 이런 관점에서 릭 워렌 목사는 사람의 필요를 채워주는 것이 성경적인 방법이라고 주장하면서, 당장 급박한 삶의 문제가 기독교의 방법들을 통해 해결되면, 사람들이 자연히 기독교의 진리에 관심을 갖게 될 것이라고 생각했다. 그러나 인간이 일차적인 필요가 채워지면 자연히 진리로 관심을 갖게 될 것이라는 릭 워렌 목사의 생각은 너무나 순진하고 단순한 발상이었다. 필요를 채워주는 하나님이 좋아서 또는 그 하나님이 필요해서 기독교를 만난 사람은, 그 이후로도 하나님을 통해 자신에게 필요한 것을 채우는 데만 몰두하게 된다. 인간은 채워도 채워도 끝이 없는 욕망의 존재이고, 일단 필요를 채운 사람들은 진리에 관심을 갖는 것이 아니라, 더 큰 필요 또는 더 큰 자극을 갈구하게 되기 때문이며, 이미 채운 필요들은 이미 식상한 만족이 되어버리기 때문이다.[122]

반면 로버트 슐러 목사의 경우 교회가 사람들의 필요를 채워주기 위해서는 죄나 복음과 같은 기독교의 거추장스러운 교리나 개념들을 벗어버려야 한다고 주장하면서 '통속적 교회 성장' 마케팅을 시도했다. 그래서 그는 교회를 기업으로, 전도와 선교를 판매로, 불신자를 고객으로 비유하는데 조금도 거리낌이 없었다. 그는 교회가 어떻게 장사를 잘할 수 있는지를 설명하면서 일곱 가지 조언을 하기도 했다─1)목 좋은 곳을 선택하라. 2)주차장을 확보하라. 3)상품 목록(프로그램)을 구비하라. 4)서비스를 제공하라. 5)외형을 강조하라. 6)온 교인이 적극적이고 긍정적으로 사고하게 하라. 7)현금 유통을 잘하

---

122) 옥성호, 마케팅에 물든 기독교(부흥과 개혁사, 2009), 296면, 311면 참조.

라!(필요하다면 얼마든지 은행 빚을 끌어다 쓰라).[123]

릭 워렌 목사와 로버트 슐러 목사 이 두 사람은 교회 마케팅 방법론에서는 입장이 전혀 판이했다. 그러나 양자는 필요 그 자체가 복음이 아니라는 관점에서는 같은 입장을 취하고 있었다. 그래서 릭 워렌 목사는 필요충족을 사람들에게 제시한 후 나중에 나중에 조심스럽게 복음을 제시하는 조심스러운 마케팅 전략을 구사했던 것이고, 로버트 슐러 목사는 아예 복음을 파괴하고 '통속적' 마케팅으로 가버렸던 것이다. 그런데 조용기 목사님에게 이런 고민은 쓸데없는 것이었다. 릭 워렌 목사가 고민했던 문제, 사람들이 필요를 채운 다음에 진리에 관심을 갖느냐, 갖지 않느냐는 문제에 대해서도, 조 목사님은 전혀 고민할 필요가 없었다. 왜냐하면 조 목사님은 화끈하게 '생활의 형통'이라는 인간의 필요충족과 문제해결과 만사형통을, 아예 '복음'으로, 오중복음 속에 편입시켜버림으로써 이 고민을 일거에 해결하고자 했기 때문이었다.

만약 '축복'이 '복음'이라는 성경적 근거가 명확하다면, '축복의 복음'이 들어있는 오중복음은 하나님의 말씀의 선포가 된다. 그러나 그렇지 않다면 오중복음은 '축복'을 '복음'으로 마케팅하는 복음 마케팅이 된다.(물론 필자의 입장은 후자다. 오중복음 중의 하나인 '축복의 복음'의 성경적 근거에 대한 논의는 조금 뒤에 다루어지게 된다.)

조용기 목사님의 이러한 복음 마케팅은 너무나 극단적인 것이었다. '오중복음' 속에서 모든 일이 잘되는 '생활의 형통'이 '축복의 복음'으로 자리잡게 되었기 때문이다. '생활의 형통'이 '복음'이라니. '생활의 형통'이 하나님의 복음인가. 과연 성경적인 복음인가. '생활의 형통'은 혹시 새마을운동의 '잘 살아보세'와 같은 생활 구호나 목표가 아

---

123) 신광은. 메가처치 논박(도서출판 정연, 2010), 78~80면 참조.

닌가. '생활의 형통'이 '복음'이라면, 그 '복음'은 기복주의가 아닌가. 성경에서 '생활의 형통'이 '복음'이라고 약속하지 않았는데, '복음'은 모든 믿는 자에게 구원을 주시는 하나님의 능력이라고 했는데, '생활의 형통'을 '복음'이라고 도대체 성경의 어느 부분에서 말씀하고 있단 말인가. 이런 고민을 하면서 인내심을 갖고서 자료들을 읽어내려가다가, 나는 이런 부분을 만나게 되었다.

> 영산이 발견한 축복의 핵심은 좋으신 하나님께서는 복의 근원이 되시고 하나님의 자녀들에게 축복하기를 원하신다는 것입니다. 이 하나님의 사랑이 천지를 창조하신 후 아담과 하와를 만드시고 이들을 위해 낙원인 에덴동산에서 살게 하시고 축복하셨다는 것입니다. 그러므로 영산은 축복하기를 원하시는 하나님의 성품과 복 받기를 원하는 인간의 심성은 영원불변하기에 하나님께 복을 구하는 신앙이 결코 샤머니즘적 기복신앙이 될 수 없음을 누누이 강조하셨습니다.[124]

위의 설명을 보면 '축복의 복음'은 그 의미가 수신자 중심적 관점을 벗어나지 못하고 있다. "축복하기를 원하시는 하나님의 성품"이란 표현도 하나님의 성품의 한 측면만을 수신자 중심적으로 해석하고 있다. 성경 전체 문맥을 볼 때 성경의 저자-아버지 발신자가 성경에서 말씀하시는 하나님의 성품은 결코 '축복하기를 원하시는' 성품으로만 국한될 수 없다. 그런데 이 인용에서는 불순종하는 인간들을 심판하는 공의의 하나님의 성품은 배제하고, 전적으로 '축복하기를 원하시는' 성품으로만 제한하고 있다.[125]

---

124) 조용기, 축복: 오중복음 표준설교시리즈8(한세대학교출판부, 2013), 18면.

125) 조용기 목사님이 강조하는 '좋으신 하나님'은 조엘 오스틴 목사의 '긍정의 하나님'과 유사한 점이 많다고 필자는 판단하고 있다. 앞에서 조엘 오스틴 목사의 관점을 살펴보았듯이 수신자 중심적으로 인간의 욕망 중심으로 하나님을 일정한 틀에 가두고 있다는 점에서 그러하다. 인간 편에서 하나님을 '좋으신 하나님'이라고 부르는 것은 인간의 유아론적 욕망 속에 하나님을 가두고 제한하는 인본주의적 사고라고 봐야 한다.

특히 "복 받기를 원하는 인간의 심성은 영원불변"하다는 지적은 많은 문제들을 내포하고 있는 표현이다. 철저히 수신자 중심적이다. 그야말로 인간 중심이다. 인간의 욕망에 대한 찬양이며 경배의 표현이다. 하나님은 '축복하기를 원하시는' 성품으로만 제한되어 있고, '복 받기를 원하는 인간의 심성은 영원불변'한 것으로 확장되고 있다. "복 받기를 원하는 인간의 심성은 영원불변"하다는 표현에 나오는 '복'이란, 삼박자 축복 중에서도, 특히 모든 일이 잘되는 복을 의미하는 것임은 두말할 나위가 없다. 복 받기를 원하는 인간의 욕망에 성의聖衣를 입히고, 그 욕망에 의해 하나님을 제한하고 있다. 욕망이 성의聖衣를 입고 있다. 그러나 인간의 욕망에 성의를 입히는 것이 신앙의 본질이 아니다. 신앙은 욕망을 십자가에 못박는 것이다.

일단 여기까지만 봐도 적어도 오중복음 중에서 '축복의 복음'은 철저히 인간 중심적이고 수신자 중심적이고 문제 해결 중심적이라는 한계를 벗어날 수 없다. 그리고 바로 이런 의미에서 '축복의 복음'은 성경에서 저자−아버지가 말씀하시는 복음이 절대로 아니다.

이처럼 '조 목사님의 오중 '복음'에는 소비자 중심적인, '끼워팔기'의 마케팅 전략이 숨어 있다. '아브라함의 복'에 영적인 것뿐만 아니라 '생활의 형통'을 끼워 넣음으로써, 거기다 '육체의 건강'까지 끼워 넣음으로써, '삼박자'로 고객들의 필요를 채워주고자 하는 적극적인 복음 마케팅이 이루어지고 있다. 오중복음은 이처럼 위태로운, 너무나 위태로운 복음 마케팅이다.

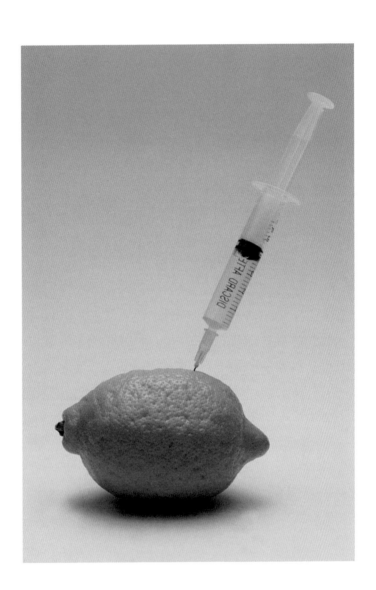

'축복의 복음'의 '성경적 근거'가 보여주는 허구성

'생활의 형통', '범사가 잘 되는' 축복이 오중복음 속에 들어왔다. 바꾸어 말하면 조 목사님 입장에서 축복은 반드시 '복음'이 되어야만 했다. 그러나 '축복'을 '복음'으로 만들기 위해 조 목사님이 근거로 내세우고 있는 성경 구절들은 과연 타당성을 갖고 있는 것인가.[126] 내가 판단하기에는 그렇게 보기 힘든 것같다. 반복해서 하는 말이지만, '축복'은 '복음'이 아니기 때문이다.

> 아브라함의 복이란 믿음을 통하여 범사에 형통하고 물질적으로 창대해지는 복이라고 할 수 있습니다. 아브라함은 물질적이고 영적이며, 현세적이고 미래적인 복을 모두 충만히 받은 사람입니다. 성경은 믿음으로 말미암은 자는 아브라함의 아들이라 하였고(갈3:7), 아브라함과 함께 복을 받는다(갈3:9)고 기록되어 있습니다. 또한 그리스도 예수 안에서 아브라함의 복이 이방인에게 미치게 한다고 약속하고 있습니다(갈3:14). 그러므로 아브라함이 받았던 모든 영적인 복과 물질적인 복이 그리스도 예수로 말미암아 모든 이방인에게 미치게 된 것입니다. …즉 구원의 개념에 축복이 포함되어 있다는 것입니다. 그리스도의 복음을 믿고 구원을 받는다는 것은 영적 생명뿐만 아니라 육적 생명을 위한 축복까지도 누리게 됨을 의미합니다. 눈에 보이는 일시적인 환경의 복도 내적인 영원의 복과 함께 있을 때 참된 행복이 될 수 있습니다. 오늘날 교회에서 행하는 축복의 행위는 이와 같은 성경적인 축복의 근거를 가지고 실천될 수 있어야 할 것입니다.[127]

---

126) 필자가 이 책에서 조용기 목사님의 '오중복음'을 비평하는 방법은 어떤 특정 신학적 입장에서 조 목사님의 입장을 비판하는 것이 아니다. 성경을 기준으로 하여 조 목사님이 '축복'을 '복음'으로 만들기 위해 제시하는 성경적 근거가 성경적으로 타당한 것인지를 살펴보는 것이 필자가 의도하는 방법이다. 그러니까 필자가 이 책에서 행하는 작업은 조 목사님의 이론을 비판하는 것이 아니라 조 목사님이 제시하는 성경적 근거가 오중복음, 특히 '축복의 복음'을 뒷받침하느냐 아니냐를 살펴보는 것이다. 물론 뒷받침하지 않는다는 것이 필자의 판단이고, 만약 그럴 경우 필자가 조 목사님을 비판하는 것이 아니라 조 목사님이 들고나온 성경 구절들이 조 목사님의 '축복의 복음'을 비판하고 부정하는 양상을 띠게 될 것이다.
127) 조용기, 오중복음과 삼중축복(서울말씀사, 2012), 179-180면.

앞의 인용은 정신을 가다듬고 심호흡을 하고, 기도하는 가운데, 성령의 조명을 의지하면서 읽어야 한다. 평소 조용기 목사님이 설교하시는 그런 빠른 속도로 위의 내용을 읽어내려가노라면, 복잡하고 함축적인 개념을 가진 신학 용어들—축복, 복, 아브라함의 복, 이런 단어나 구절들—이 막 섞이고 비벼져서 새로운 비빔밥이 되면서, 무슨 영문인지도 모른 채, 그냥 아멘, 아멘, 하고 넘어갈 가능성이 크기 때문이다.

위에 나타난 조용기 목사님의 설명에 의하면 '아브라함의 복'은 "믿음을 통하여 범사에 형통하고 물질적으로 창대해지는 복"이다. 눈깜짝할새에 '아브라함의 복'은 곧바로 "믿음을 통하여 범사에 형통하고 물질적으로 창대해지는 복"이 되어버렸다. 믿음으로 의롭게 되는 것만이 아니라, "믿음을 통하여 범사에 형통하고 물질적으로 창대해지는 복"이 되어버린 것이다. '아브라함의 복'에 '축복'의 개념을 슬쩍 집어넣고서, '아브라함의 복'에 대한 설명을 시작하고 있다. 그렇다면 도대체 어떤 근거로 조 목사님은 '아브라함의 복'이 "믿음을 통하여 범사에 형통하고 물질적으로 창대해지는 복"이 된다고 주장하는 것일까. 조 목사님의 주장대로 과연 '축복의 복음'은 성경적인 근거를 갖고 있는가.

내가 보기에 "아브라함이 받았던 모든 영적인 복과 물질적인 복이 그리스도로 말미암아 모든 이방인에게 미치게 된 것"이라는 조 목사님의 설명은, 자신의 주장과는 달리, 전혀 '성경적'인 '근거'가 없다. 조 목사님이 '성경적' '근거'로 인용한 갈라디아서 3장 7절과 9절과 14절은, 이 세 구절이 들어있는 갈라디아서 3장의 전후 문맥만 조금 자세히 살펴봐도, 물질적 축복과는 전혀 상관없는 의미를 갖고 있음을 알 수 있게 된다. 갈라디아 3장에서 사도 바울은 당시 복음을 떠나 율법주의로 접근하던 갈라디아교회를 향해서 율법주의가 잘못임을 지적하고 믿음으로 구원받는다는 진리가 옳음을 논증하고 있다. 일단 가까운 문맥만 살펴보기로 하자.

1 어리석도다 갈라디아 사람들아 예수 그리스도께서 십자가에 못 박히신 것이 너희 눈앞에 밝히 보이거늘 누가 너희를 꾀더냐

2 내가 너희에게서 다만 이것을 알려 하노니 너희가 성령을 받은 것이 율법의 행위로냐 혹은 듣고 믿음으로냐

3 너희가 이같이 어리석으냐 성령으로 시작하였다가 이제는 육체로 마치겠느냐

4 너희가 이같이 많은 괴로움을 헛되이 받았느냐 과연 헛되냐

5 너희에게 성령을 주시고 너희 가운데서 능력을 행하시는 이의 일이 율법의 행위에서냐 혹은 듣고 믿음에서냐

6 아브라함이 하나님을 믿으매 그것을 그에게 의로 정하셨다 함과 같으니라

7 그런즉 믿음으로 말미암은 자들은 아브라함의 자손인 줄 알지어다

8 또 하나님이 이방을 믿음으로 말미암아 의로 정하실 것을 성경이 미리 알고 먼저 아브라함에게 복음을 전하되 모든 이방인이 너로 말미암아 복을 받으리라 하였느니라

9 그러므로 믿음으로 말미암은 자는 믿음이 있는 아브라함과 함께 복을 받느니라

10 무릇 율법 행위에 속한 자들은 저주 아래에 있나니 기록된 바 누구든지 율법 책에 기록된 대로 모든 일을 항상 행하지 아니하는 자는 저주 아래에 있는 자라 하였음이라

11 또 하나님 앞에서 아무도 율법으로 말미암아 의롭게 되지 못할 것이 분명하니 이는 의인은 믿음으로 살리라 하였음이라

12 율법은 믿음에서 난 것이 아니니 율법을 행하는 자는 그 가운데서 살리라 하였느니라

13 그리스도께서 우리를 위하여 저주를 받은 바 되사 율법의 저주에서 우리를 속량하셨으니 기록된 바 나무에 달린 자마다 저주 아래에 있는 자라 하였음이라

14 이는 그리스도 예수 안에서 아브라함의 복이 이방인에게 미치게 하고 또 우리로 하여금 믿음으로 말미암아 성령의 약속을 받게 하려 함이라

1절에서 5절까지는 갈라디아교회가 성령으로 말미암아 그리스도께서 십자가에 못 박히신 것을 밝히 깨닫고 믿었고, 그 믿음으로 많은 수고를 했지만, 그럼에도 불구하고, 그릇된 교리(율법주의)로 끌려간 사실을 사도 바울이 책망하는 내용이다. 그리고 6절에서 14절에서 바울은 믿음에 의해서만 구원을 얻음을 논증하고 있다. 6절과 7절에서 바울은 아브라함이 믿음으로 의를 얻은 사실을 말하면서, 예수 그리스도를 믿는 자들은 모두 아브라함이 받은 복에 참가하게 된다는 복음을 선포하고 있다. 그리고 8절에서 14절에서, 바울은 아브라함에게 주신 만민 구원의 복은 율법으로는 불가능하며 예수 그리스도를 믿음으로 말미암아 가능함을 다시 강조한다.

이 문맥 속에 나오는 '아브라함의 복'은, 율법주의와 대비적인 의미에서, 믿음으로 말미암아 의롭게 되는 것을 의미한다. 바꾸어 말하면, 율법주의와 대비되는 그 의미 속에 '물질적 축복'이 끼어들어 갈 여지가 없다는 말이다. 그러니까 갈라디아서 3장의 문맥에서 볼 때, "아브라함의 복이란 믿음을 통하여 범사에 형통하고 물질적으로 창대해지는 복이라고 할 수 있습니다. 아브라함은 물질적이고 영적이며, 현세적이고 미래적인 복을 모두 충만히 받은 사람입니다. 성경은 믿음으로 말미암은 자는 아브라함의 아들이라 하였고(갈3:7), 아브라함과 함께 복을 받는다(갈3:9)고 기록되어 있습니다. 또한 그리스도 예수 안에서 아브라함의 복이 이방인에게 미치게 한다고 약속하고

있습니다(갈3:14). 그러므로 아브라함이 받았던 모든 영적인 복과 물질적인 복이 그리스도 예수로 말미암아 모든 이방인에게 미치게 된 것입니다. …즉 구원의 개념에 축복이 포함되어 있다는 것입니다. 그리스도의 복음을 믿고 구원을 받는다는 것은 영적 생명뿐만 아니라 육적 생명을 위한 축복까지도 누리게 됨을 의미합니다."라고 주장하고 있는 조 목사님의 논리는 전혀 '성경적' '근거'를 갖지 못한다. 갈라디아서 그 어디에, 아니, 성경 전체 그 어디에, '아브라함의 복'이 "믿음을 통하여 범사에 형통하고 물질적으로 창대해지는 복"이라고 말씀하고 있단 말인가.

  굳이 조 목사님의 논지를 추론해보면, 조 목사님은 "아브라함은 물질적이고 영적이며, 현세적이고 미래적인 복을 모두 충만히 받은 사람"이라고 한, 자신의 설명에 큰 의미를 두고 있는 것처럼 보인다. 아브라함은 영적 복과 아울러 물질적인 복을 받은 거부였다. 그러니 믿음으로 의롭게 된 자들은 모두 '아브라함의 복'을 받게 된다. 거부가 되는 복도 함께 받는다. 이런 주장을 펼치고 있는 것이다. 이런 사실은 조 목사님의 〈삼박자 구원〉이라는 제목의 책에서도 확인된다. 조 목사님은 이 책에서도 일단 아브라함이 믿음으로 의롭다함을 얻은 의인이라는 사실을 설명하고 있다. "그는 믿음으로 순종하여 고향을 떠났고 하나님의 약속을 믿음으로 성취시켰습니다. 이러므로 아브라함의 복은 무엇보다 먼저 믿음으로 의롭다 함을 입어 구속의 은총에 들어가는 것입니다." 그런데 조 목사님은 곧 이어서 아브라함의 복에 영적인 복만이 아니라 현세적인 복이 들어있음을 강조하면서, 따라서 구원받아 아브라함의 복에 참여한 사람들은 아브라함이 받은 것과 똑같은 복을 받게 된다고 강조하고 있다.

아브라함은 자녀의 복을 얻었고 물질의 복도 얻었으며 장수의 복과 함께 축복을 베푸는 복도 얻었던 것입니다. 이러므로 오늘날 우리가 저주의 십자가에 달리신 예수 그리스도로 말미암아 아브라함의 복을 받았다면, 비록 아브라함처럼 많은 시련과 연단은 받을지언정, 자손이나 물질에는 궁핍함이 없는 생활을 하게 되는 것입니다.

우리는 예수를 믿을 때 복을 받느냐 받지 않느냐와 같은 어리석은 질문을 버려야 합니다. 성경은 우리를 부요케 하시는 하나님을 보여주고 있습니다. 그리스도를 믿고 믿음으로 의롭다함을 얻는 사람에게는 이 모든 것을 더하시겠다고 하셨습니다. 이 모든 것이란 우리의 일상생활에 필요한 모든 것을 의미합니다.[128]

여기서 우리가 유의해야 할 사실은 '아브라함이 이 땅에서 받은 두 가지 복'과 갈라디아서 3장에서 말씀하는 '아브라함의 복'은 그 개념이 전혀 다르다는 점이다. '아브라함이 이 땅에서 받은 두 가지 복'에는 영적인 것뿐만 아니라 현세적인 복, 부자가 되는 복이 포함될 수 있지만, 갈라디아서 3장에서 말씀하는 '아브라함의 복'은 율법주의와 대비되는 의미에서, 믿음으로 말미암아 의롭게 되는 것을 말하는 것이지, 앞서 지적했듯이, 물질적인 축복의 개념이 들어갈 여지가 전혀 없다. 아니, 갈라디아서 3장뿐 아니라 성경 전체의 문맥에서 볼 때, '아브라함의 복'에는 믿음으로 말미암아 의롭게 되는 것 외에 다른 의미가 첨가될 수 없다.

좀 더 솔직하게 필자의 입장을 밝히자면, 아브라함이 이 땅에서 부자였다는 사실에 입각해, '아브라함의 복'에 '물질적으로 창대해지는 복'을 슬쩍 끼워 넣는 것은 성경에 대한 모독이다. 이렇게 조 목사님처럼 해석한다면, 아브라함이 미모가 뛰어난 아내를 가졌다는 사실, 이삭처럼 순종하는 자녀를 가졌다는 사실도 '아브라함의 복'에 끼워 넣

---

128) 조용기, 삼박자 구원(영산출판사, 1981), 144면.

을 수 있지 않겠는가. 예수를 믿으면 복을 받고 예쁜 색시를 얻고 착한 자녀를 받습니다. 이렇게 하면 얼마나 많은 미혼 청년들이, 자녀 문제로 시달리고 있는 부모들이 교회로 달려오겠는가. 그렇게 되면 엄청난 마케팅이 아닌가. 소위 아브라함 마케팅이라는 새로운 지평이 열리는 게 아닌가. '아브라함의 복'에 대한 조 목사님의 해석은 '칭의'稱義의 신학을 모독하는 무례한 오독이다. 조 목사님은 어떻게 하든지 '축복'을 '복음'으로 만들기 위해, 너무 무리하게 성경을 오독하고 있다. '축복'이 복음이라는 자신의 주장을 뒷받침하기 위해 문맥적으로 전혀 맞지 않는 성경 구절을 자의적으로 끌어오고 있다. 이는 성경 해석에서 피해야만 할 '전거典據 삼기'의 부정적인 사례에 속한다.

그리고 논리학적으로만 따지더라도, 조 목사님은 여기서 치명적인 오류를 범하고 있다. 아브라함의 복은 믿음으로 의롭게 여김을 받는 것이다. 등식으로 바꾸면 '아브라함의 복=믿음으로 의롭게 여김을 받는 것'이다. 그런데 조 목사님은 아브라함이 이 땅에서 거부로 살았다는 사실을 '아브라함의 복'의 개념 속에 슬쩍 끼워 넣음으로써, 아브라함의 복, 즉 구원의 복에는 영적인 축복과 물질적인 축복이 같이 들어있다는 이상한 논리를 만들어내고 있다.

이것은 논리학에서 말하는 범주의 오류, 즉 서로 다른 범주에 속하는 것을 같은 범주의 것으로 혼동하는 데서 생기는 오류다. 아브라함이 거부로 이 땅에 살았다는 사실과 믿음으로 의롭게 되는 아브라함의 복은 그 개념의 범주가 분명히 다른 것이다. 이 범주를 무의식적으로 혹은 의식적으로 혼동함으로써, '아브라함의 복'에 '아브라함이 이 땅에 살면서 받았던 부의 복'을 집어넣음으로써 "즉 구원의 개념에 축복이 포함되어 있다는 것입니다. 그리스도의 복음을 믿고 구원을 받는다는 것은 영적 생명뿐만 아니라 육적 생명을 위한 축복까지도 누리게 됨을 의미합니다."는 비성경적인 황당한 주장이 나오게 되는 것이다. 혹은 조 목사님의 이런 논리는 논리학에서 말하는 '성급한 일반화의 오류'와 비슷하다고 할 수 있다. 아브라함이 영적인 복과 함께 받은 물질적인 복이, 믿음으로 아브라함의 계보에 참여한 후세의 모든 사람들에게 똑같이 임한다는 주장은, '성경의 문맥을 무시한' '성급한 일반화의 오류'라고 봐야 한다.

이처럼 조 목사님이 '축복'을 '복음'에 집어넣으려고 하는 시도는 성경을 억지로 풀어가는 논리가 아닐 수 없다. '축복'이 '복음'에 들어가기 위해서는, '축복'이 '아브라함의 복'에 들어가야 하는데, 다시 말해서, 구원의 개념 속에 '축복'이 들어갈 수 있어야 하는데,[129] 그런 목적을 위해서 문맥과 전혀 관계없이, 갈라디아서 3장 7절과 9절, 그리고 14절만 뚝, 잘라 떼내어서, 전혀 성경에 근거하지 않은, 자신의 주장을 '성경적 축복 근거'로 억지로 풀고 있는 것이다. 계속 반복해서 말하지만, '축복'은 '복음'이 아니다. '복음'일 수 없는 것을 '복음' 속에 억지로 집어넣으려고 하다 보니, 대한민국 고등학교 교육과정에서 국어과목 혹은 언어영역을 제대로 배운 학생들이라면 금방 분별해낼 수 있는, 논리적 취약점과 오류를 조 목사님은 가감 없이 드러내고

---

129) 1977년에 초판이 나온 조용기, 삼박자구원(영산출판사)에서는 아예 제목부터 시작해서 요한 3서 1장 2절 말씀이 삼박자 '구원'으로 설명되고 있다. 이 책 〈머리말〉에서 조 목사님은 "하나님의 말씀은 영세토록 변함이 있을 수 없습니다. 그러나 그 말씀의 강조점은 시대와 환경을 좇아 달라질 수 있습니다. 우리나라가 일정 36년간 일본 제국주의의 압박을 받고 식민지가 되어 있을 때의 복음의 내용과 현재 세계 선진국 반열에 들어설 찰나에 놓여 있는 대한민국에 살고 있는 우리들이 받아들이는 복음의 강조점이 같을 수는 없습니다. 지금 우리 민족은 세계열강과 어깨를 나란히 하고 선진 대열에 서서 역사 창조에 기여할 때가 다가온 만큼 우리 모든 성도들의 마음가짐도 더욱 긍정적이고 적극적이며 생산적이고 창조적이어야만 할 것입니다."라고 말하고 있다. 그러나 필자가 보기에 조 목사님의 삼박자 축복론과 오중복음은 '말씀의 강조점을 시대와 환경을 좇아' 다르게 한 것이 아니라 '영세토록 변함이 있을 수 없습니다'라고 한 '하나님의 말씀' 자체를 바꾸고 있다. 아브라함의 복에, 믿음으로 말미암아 받게 되는 구원에 '축복'을 집어넣는 작업은 '영세토록 변함이 있을 수 없'는 '하나님의 말씀'을 바꾸는 것이지 '그 말씀의 강조점'을 바꾸는 것이 아니다.

있다. '물질적 축복'은 '아브라함의 복'에 없다. 조 목사님이 근거로 든 성경 구절들은 전혀 조 목사님의 논리를 지지하지 않고 있다.

'축복'을 '복음'으로 억지로 풀어가는 논리를 보여주는 조용기 목사님은 '축복'의 상반 개념인 '저주'를 설명하는 과정에서도 비슷한 양상을 보여준다. 조 목사님이 사용하는 '저주'라는 개념에는 '범주의 오류'에다 '애매어의 오류'까지 나타나고 있다. '율법의 저주'와 '환경의 저주'의 개념이 혼동되고 있거나, 의도적으로 뒤섞여 있다. 조 목사님은 갈라디아서 3장13절 "그리스도께서 우리를 위하여 저주를 받은 바 되사 율법의 저주에서 우리를 속량하셨으니 기록된 바 나무에 달린 자마다 저주 아래 있는 자라 하였음이라"라는 말씀을 인용하면서 다음과 같이 말한다.

> 예수님은 우리의 가난만 대속하신 것이 아니라 우리의 저주도 속량하였습니다. …예수님께서 이와 같이 저주를 받으신 목적은 예수 안에서 아브라함의 복이 이방인에게 미치게 하려 함이라고 성경은 기록하고 있습니다(갈3:14).
> 예수 믿는 자들은 이미 저주에서 속량된 자들이요, 아브라함의 축복을 받아야 하는 사람들입니다. 믿는 자들에게는 다시 저주받을 이유가 전혀 없습니다. 그러므로 우리는 영적인 모든 저주에서 놓여나 구원받은 후사가 될 뿐 아니라 환경의 저주에서도 속량되어 그리스도를 영화롭게 하기 위하여 담대히 복을 누려야 합니다.
> "가난은 물러가고 부유가 오며, 저주는 물러가고 축복이 오는 복음". 이것은 우리가 오늘날 예수 그리스도의 십자가의 복음을 전파할 때 반드시 전해야 하는 복음입니다.[130]

갈라디아서 3장 13절에 나오는 '저주'는 '율법의 저주'를 말한다. "그리스도께서 우리를 위하여 저주를 받은 바 되사 율법의 저주에서 우

---

130) 조용기, 오중복음과 삼중축복(서울말씀사, 2012), 188–189면.

리를 속량하셨으니"라고 말씀하고 있지 않는가. 그런데 조 목사님은 이 갈라디아서 3장 13절에 이어서, 바로 뒤에 있는 3장 14절 "예수님께서 이와 같이 저주를 받으신 목적은 예수 안에서 아브라함의 복이 이방인에게 미치게 하려 함이라"라는 구절을 계속 인용하고서는, "예수 믿는 자들은 이미 저주에서 속량된 자들이요, 아브라함의 축복을 받아야 하는 사람들"이라고 설명하고 있다. 그런데 문제는 바로 이 부분에서 조 목사님이 말하고 있는 '저주'는 앞에서 말한 '율법의 저주'의 개념이 아니라는 사실이다. 이 사실은 바로 뒤에 이어지는 말에서 확인된다. "그러므로 우리는 영적인 모든 저주에서 놓여나 구원받은 후사가 될 뿐 아니라 환경의 저주에서도 속량되어 그리스도를 영화롭게 하기 위해 담대히 복을 누려야 합니다. '가난은 물러가고 부요가 오며, 저주는 물러가고 축복이 오는 복음'. 이것이 우리가 오늘날 예수 그리스도의 십자가의 복음을 전파할 때 반드시 전해야 하는 복음입니다."라고 조 목사님이 설명하고 있는 부분을 다시 찬찬히 읽고 생각해보라. "가난은 물러가고 부요가 오며, 저주는 물러가고 축복이 오는 복음", 이 구절에서 조 목사님이 의미하고자 하는 '저주'의 개념은 '저주는 물러가고 축복이 오는 복음'이라는 문맥에서 나타나듯이 '축복'과 대비되는 의미로서의 '저주', 즉 '환경의 저주'를 가리키고 있지 않는가.

'율법의 저주'와 '환경의 저주'는 같은 '저주'라는 단어를 사용하고 있지만 성경적인 의미는 퍽이나 다르다. '율법의 저주'는 예수 그리스도의 십자가의 공로로 그를 믿는 자마다 벗어나게 되는 '저주'다. 반면 '환경의 저주'는 아담의 불순종으로 인한 원죄 이후로 지금까지 여전히 이 땅에 존재하고 있는 '저주'다. 예수 그리스도께서 십자가에서 죽으시고 부활하시고 승천하신 것을 믿는 것과 관계없이 존재하는 저주다. 그런데 조 목사님은 "예수 믿는 자들은 이미 저주에서 속량된 자"라고 말한다. 조 목사님이 여기서 말하고자 하는 '저주'는 그 의미가 '율법의 저주'와 '환경의 저주'의 개념이 뒤섞이면서 애매해지다가, 마침내 "저주는 물러가고 축복이 오는 복음"이라는 문맥에 오면서 '환경의 저주'의 개념으로 정착되고 있다. 그리하여 예수 믿는 자에게는 '환경의 저주'가 물러갔다는 선포가 이루어지고 있는 것이다.

정말 그런가. 고난받고 있는 신자들은, 핍박받고 가난한 속에서 믿음을 지키고자 애쓰는 신자들은, 정말 예수를 잘못 믿어서 그렇게 되는 것인가. 그렇지 않다. 믿는 자가 예수 그리스도께서 십자가를 통해 이루신 공로로 말미암아 '율법의 저주'에서 속량된 이후에도, '환경의 저주'는 없어지지 않는다. '환경의 저주'는 예수 그리스도의 재림 이후 없어질 것이다. 예수 믿는다고 곧바로 '환경의 저주'가 없는 에덴동산에 곧바로 들어가는 것도 아니고, '지금 천국'이 이루어지는 것도 아니다.[131] 같은 단어라 하더라도 그 단어의 문맥적 의미를 유의 깊게 생각해야 한다. 그렇지 않으면 애매어의 오류의 희생양이 된다. 단어의 다양성이나 애매성에 스스로 속거나 끌려다녀서는 안된다.

조 목사님이 여기서 '저주'를 이렇게 해석하는 이유는 분명하다. 예

---

131) 율법의 저주와 환경의 저주를 무의식적으로 혹은 의식적으로 혼동하고 있는 조 목사님의 논리는 조용기, 삼박자 구원(영산출판사, 1981)에서도 확인된다. "그런데 예수님께서 십자가에 못박힐 때 그 저주의 상징인 가시를 엮어서 머리에 쓰셨습니다. 또 두 손과 두 발에는 쇠로 만든 가시에 찔렸습니다. 이것은 아담의 타락으로 인하여 우리에게 다가온 모든 저주가 예수님의 몸 위에 옮겨졌음을 보여주고 있습니다. 범죄는 아담이 하고 저주는 죄 없으신 예수님이 담당하시고 가시관을 쓰신 것입니다. 그러므로 우리가 주를 의지하고 살아가는 동안 하나님의 권위를 절대 인정하고 믿고 순종하면 우리 환경에 대속의 은총이 임하여서 모든 가시와 엉겅퀴가 걷히게 됩니다. 우리가 아무리 훌륭한 계획을 세워 일을 해도 가시가 앞을 막고 엉겅퀴가 뒤를 막으면 우리 힘으로는 아무 것도 할 수 없습니다. 그러나 예수님의 가시관을 통하여 우리의 저주가 대속되면 저주받은 땅이 옥토가 되어 기름이 흐르듯 모든 환경에 축복이 임하게 되는 것입니다."라는 설명을 보라. 율법의 저주와 환경의 저주의 개념이 뒤섞여서 결국 예수를 믿으면 모든 환경에 축복이 임한다는 논리로 가고 있지 않는가. 139-140면.

수 믿으면 '축복'받는 '복음'을 강조하기 위함이다. '축복'을 '복음'으로 만들기 위해 구원받은 자는 모든 '저주'에서, 즉 '율법의 저주'와 '환경의 저주'에서 속량된다고 주장하고 있는 것이다. 조 목사님은 '축복'을 '복음'으로 만들기 위해 성경을 너무 심하게 파괴하고 있다.

다시 말하지만 오중복음에서 말하는 '축복의 복음'은 복음이 아니다. 이건 필자의 주장이 아니다. 성경의 주장이다. 성경에서 말씀을 인용한다고 다 성경적인 되는 것은 아니다. 성경의 전체 문맥과 그 구절의 전후 문맥의 의미에 맞게 인용해야 성경적이 될 수 있다. 성경에 나오는 구절들을 몇 개 모아서 자기 틀에 맞춰 넣는다고 자동적으로 '성경적' 근거가 되는 것이 아니라는 말이다. '성경적' 근거가 되지 못하는 구절들을 끌고 와서 '성경적'이라고 하면, 그건 성경을 억지로 푸는 것이다. 하나님의 뜻이 아닌 것을, 더 정확하게 말하면 자신의 뜻을 하나님의 뜻이라고 주장하는 반역이다.

조 목사님의 복음 마케팅은 매우 위태로운 마케팅이다. 성경을 위태롭게 하고 파괴하는 마케팅이다. 하나님께서 인간을 향해 말씀하시는 중요한 기준, 구원의 기준, 칭의의 기준, 복과 저주의 기준을 파괴하는, 위험한 마케팅이다. 성경적 근거가 없음에도 불구하고 성경적 근거가 있다고 주장하는 매우 위험한 마케팅이다. 이런 복음 마케팅에 의해, 지금도 세상의 누룩들이, 〈연가시〉들이, 군대 귀신으로, 이 시대의 번영신학과 성공신학 속으로, 삼박자축복론과 오중복음의 신봉자들 속으로, 한국교회 속으로, 당당하게 '복음'이라는 이름으로 침투하고 있다.

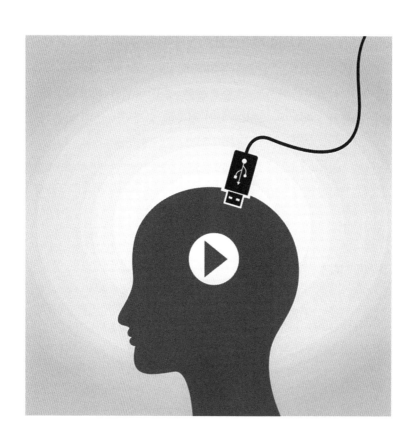

복음 마케팅 성공의 다면적 의미

1960년대 당시 한국사회의 상황과 사람들의 심리를 정확하게 간파하고 수신자 중심적으로 복음 마케팅을 시도한 조용기 목사님의 목회는 주지하다시피 성공적이었다. 일약 세계에서 사람들이 가장 많이 모이는 교회로 여의도순복음교회는 성장했다. 조 목사님은 교회성장의 아이콘이 되었고, "세계를 놀라게 한 말씀의 종"으로까지 불리게 되었다.[132] 삼박자축복론과 오중복음은 성공 목회의 대명사가 된 것이다. 조용기 목사님은 자신의 목회 성공에 대해서 이렇게 말한다.

> 많은 사람들이 여의도순복음교회의 놀라운 성장과 저의 목회의 비결이 무엇이냐고 질문할 때가 있습니다. 그럴 때마다 저는 성령님의 절대적인 도우심과 역사 외에는 다른 비결이 없다고 대답합니다. 그러면 그들 대부분은 성령님의 도우심이라는 상식적인 요소 말고 다른 특별한 비결을 가르쳐 달라고 합니다. 그러나 저는 성령님의 도우심 외에 특별한 다른 것을 말씀드릴 수 없습니다. 성령님의 역사가 우리 교회 성장의 처음이며 나중이기 때문입니다.
>
> 저는 성령님의 도우심을 의지하여 철저히 오중복음과 삼중축복으로 불리는 순복음적 메시지를 피맺히도록 선포했습니다. 복음을 있는 그대로 순수하게 받아들이고, 온전히 믿고 실천하도록 하는 메시지를 선포하려고 노력했습니다. 처음에는 '순복음'이나 '삼중축복' 등의 용어 때문에 많은 비난과 오해를 받은 것이 사실입니다. 그러나 제1단원에서 밝혔듯이 순복음이란 성경적인 예수 그리스도의 복음을 조금도 약화시키지 않고 충만하게 적용하고 생활화하자는 것이며, 삼중축복이란 구원의 어느 일면만을 강조하지 않고 우리의 영, 혼, 육, 삶의 전 영역에 적용시키고자 하는 전인적 구원의 도식적 표현일 뿐입니다.[133]

위의 인용에서 조 목사님은 성령님의 절대적인 도우심과 역사 외에

---

132) 조용기, 축복:표준설교시리즈8 오중복음(한세대학교출판부, 2013), 17면.
133) 조용기, 오중복음과 삼중축복(서울말씀사, 2012), 34면.

는 다른 비결이 없다고 겸손하게 말하고 있지만, 삼박자축복론과 오중복음에 대해서는 다분히 자화자찬적으로 설명하고 있다. 과연 조 목사님이 말하는 대로 삼중축복과 오중복음이 "성경적인 예수 그리스도의 복음을 조금도 약화시키지" 않았는가? 지금까지 이 책을 처음부터 찬찬히 읽은 독자라면, 조 목사님의 이와 같은 자기진단적 설명에 대해서 나름대로 정확한 판단을 내리고 있을 것이다.

나는 이 자리에서 묻는다. 왜 여의도순복음교회가 세계에서 가장 큰 교회가 되었는가? 물론 나는 잘 모른다. 그러나 나는 적어도 한 가지 사실은 확신하고 있다. 사람들이 삼박자축복론과 희망의 메시지에 희망과 격려를 발견하고 조용기 목사님이 목회하는 교회로 몰려든 이유가, 조 목사님의 메시지가 다른 교회 목회자들의 설교보다 진리에 더 가까웠기 때문이 아니라는 사실은 확신하고 있다. 삼박자축복론을 오중복음으로 체계화하는 과정에서 나타난 문제들은 이미 앞서 살펴본 바가 있지 않는가. '복음' 아닌 '축복'을 성경적으로 억지로 풀어서 '오중복음' 속에 넣지 않았던가.

앞서 살펴보았듯이, 조용기 목사님은 21세기 초에 나온 미국의 교회 마케팅 이론보다 30여 년 앞서 등장한 교회 마케팅의 원조이다. 조 목사님은 '세계적인 말씀의 종'이라기보다는 세계적인 교회 마케팅주의자, 더 정확하게 말하자면 복음 마케팅주의자이다. 그리고 바로 이런 관점에서, 1960년대, 70년대 가난과 질병의 고통에 찌들려 있던 한국인들의 심리를 정확하게 파악하고, 삼박자축복론과 오중복음으로 '지금 천국'의 환상을 심어주면서 대중들에게 접근했던 조 목사님의 복음 마케팅 전략이 여의도순복음교회 성장의 주된 원인이다, 라고 나는 주장하고자 한다. 성경의 근접 문맥과 원접 문맥을 무시하고 요한삼서 1장 2절을 성경의 중심 사상으로 간주하고 대중들의 심리에 호소한 삼박자축복론과 오중복음은, 그 당시, 성경의 본의를 전달하기 위해 딱딱한 교리를 중심으로 하는 메시지들과는 비교할 수 없이 강력한 대중적 호소력을 갖고 있었다는 사실을 부인할 수 없다.

원래 사람들은 진리를 좋아하지 않는다. 사람들은 자신의 욕망이 채워지기를 좋아한다. 오병이어의 기적 이후 먹을 것을 해결해주시는 능력을 체험한 무리들이 예수님을 쫓아다녔다. 오늘날로 보자면 예수님은 오병이어의 기적으로 인해 '성공'한 목회, 숫자적으로 성공한 목회를 경험하고 계셨다고 할 수 있는 상황이었다. 그 무리들이 예수님을 왕으로 세워서 매일 '오병이어'의 기적이 일어나는 '지금 천국'의 일상화를 갈구했던 것처럼, 1960년대 한국인들은 '축복의 복음'을 통해 자기들의 삶 속에서 '지금 천국'이 일상화되기를 열망했던 것이다.

한국인은 원래 복을 받기를 좋아하는 심성을 갖고 있는 현세주의자들이 아닌가. 또 한국인은 어떤 초월적인 대상에 의존해서 자신의 문제를 해결하고자 하는 종교성이 유달리 강한 민족이 아닌가. 1960년대 가난한 한국인들은 자신들의 한과 고민과 아픔을 해결해주고 위로해준다는 수신자 중심적인 메시지에 매료되지 않을 수 없었다. '아브라함의 복'이 물질적 축복을 포함하는지 안 하는지에 대해서는 관심도 없었고 지식도 없었다. 그저 자신들의 필요를 충족시켜준다고 하고, '생활의 형통'이 '복음'이라고 하니, 조 목사님의 메시지는 대중적 심리에 호소하는 강력한 힘을 갖지 않을 수 없었다. 1960년대 가난한 한국인들과 삼박자축복론(그리고 오중복음)은 더 이상 좋을 수 없을 정도로 서로 맞아떨어지는 시대적 정합성을 갖고 있었던 것이다.

앞에서도 지적했듯이 "교회 마케팅이란 교회가 목표로 하는 사람들의 영적, 사회적, 정서적, 물질적 필요를 충족시킴으로써 교회의 사역 목표를 달성하도록 하기 위한 목적으로 목표 고객들에게 영향을 미치기 위해 교회가 수행하는 모든 사업 및 사역 활동을 가리킨다"는 조지 바나의 교회 마케팅 이론은 조 목사님의 삼박자축복론과 오중복음에도 그대로 적용될 수 있는 이론이다. 조 목사님은 1960년대 한국사회에서 가난에 신음하고 있는 사람들에게 삼박자축복론과 오중복음으로 그들의 '영적, 사회적, 정서적, 물질적 필요를 충족' 시켜줌으로써, 예수 믿으면 그 믿음 속에 이미 '생활의 형통'도 '약속'되어 있다고, 하나님의 복음을 과장 광고함으로써, 교회를 성장시킨 복음 마케팅주의자였던 것이다.

내가 조 목사님을 교회 마케팅주의자라고 하지 않고, 굳이 복음 마케팅주의자라고 부른 이유가 있다. 천막교회를 목회할 당시 조 목사님은 사람들의 필요를 구체적으로 충족시켜주는 사업을 진행할 재정적 힘과 인적 자원이 전혀 없었다. 그런 상황에서 조 목사님은 아예 '복음'에 '축복'을 집어넣어서, '복음' 자체를 마케팅의 대상으로 삼았으며, '지금 천국'이 하나님의 '복음'에, '구원'에, '약속'되어 있다고 주장함으로써, 복음 자체를 마케팅의 수단으로 사용했기 때문이다.

나는 여기서 다시 묻는다. 왜 여의도순복음교회가 세계에서 숫자가 가장 큰 교회가 되었는가. 나는 아직도 잘 모른다. 여러 요인들이 있었을 것이다. 여의도순복음교회에는 "성령님의 절대적인 도우심과 역사"로 인한 기도 사역과 치유의 역사와 같은 은사 사역들이 있었고, 한 맺힌 한국인들로 하여금 마음껏 울부짖고 기도하게 만드는 감성적 목회가 있었고, 뒤틀리고 비틀린 그 당시의 한국인들의 심성들을 쓰다듬어주는 위로의 메시지가 있었고, 가난과 질병의 현실에서 벗어나고자 하는 한의 민족의 불타는 종교성이 있었고(조 목사님 자신 또한 가난하고 병들고 낙망했던 삶을 돌파하고 반드시 성공해야 한다는 집념으로 불탔던 1960년대 한국인들 중의 한 사람이었다), 또 거기에다 조 목사님의 기도와 목회의 열정이 있었고, 소속 교인들이 복음 마케팅 마인드를 내장하고 있는 오중복음과 삼박자축복론을 들고서, 불철주야 열정적으로 전도했기 때문일 것이다.

그러나 이런 복합적인 요인들 중에서도, 성경의 진리를, 하나님의 본의를, 문맥을 무시하고 '축복'을 '복음'으로 격상시켜, 필요충족과 문제해결과 위로와 소망의 복음 마케팅 전략으로 1960년대, 70년대 한국인들을 교회로 불러 모은 복음 마케팅, 이것이 여의도순복음교회 성장의 주된 이유라고 필자는 주장한다.

조용기 목사님은 '축복의 복음'을 포함한 오중복음의 성경적 진정성에 대해 질문을 받을 때마다, 그렇다면 여의도순복음교회 저 몇십만 명은 어떻게 되는 것이냐고 되묻곤 한다. 그러면 아무도 거기에 답변을 하지 못하는 걸 보았다. 물론 몇십만 명의 숫자가 지니는 힘과 권위는 실로 어마어마하다. 그러나 성경의 기준으로 볼 때 진리는 숫자가 아니다. 숫자는 힘일 수는 있으나 진리는 아니다. 요한계시록에서 예수님께서 빌라델비아 교회를 칭찬하신 것은 숫자가 많아서가 아니었다. 적은 능력을 가지고서도 말씀을 지키고 주님의 이름을 배반하지 않았기 때문이었다. 반대로 만약 어떤 교회가 많은 능력을 갖고 있고 숫자가 많다 하더라도 말씀을 지키지 않았다면, 성경의 본의를 무시하고 문맥을 무시한, 복음 아닌 '복음'으로 많은 숫자를 이루었다고 한다면, 주님께서 칭찬하실지 책망하실지는 주님만이 아실 일이다. 진리와 복음에 대한 설명은 숫자로 하는 것이 아니다. 진리와 복음에 대한 설명은 성경으로 해야 한다. 진리를 숫자로 대답하려고 해서는 안된다.[134] 진리는 성경으로 대답해야 한다. 복음을 성경대로 풀

---

134) 현재 이 땅에는 한국인들의 기복주의와 현세주의적 성향을 마케팅해서 단시일에 그 세력을 확장한 다른 종교들이 적지 않게 존재한다고 필자는 판단하고 있다.

어가지 않는 것은 진리가 아니고 복음이 아니다.

마태복음 7장 21절-27절을 보면 주님께서는 성취나 권능, 그리고 사역의 결과를 인간의 생각하는 것만큼 그렇게 중시하지 않으신다. "나더러 주여 주여 하는 자마다 다 천국에 들어갈 것이 아니요. 다만 하늘에 계신 내 아버지의 뜻대로 행하는 자라야 들어가리라"고 말씀하신다. 숫자를 숭배하고 숫자를 진리로 간주하는 태도는 세상을 본받는 태도이다. 성취나 권능보다는 하나님의 뜻을 분별하고 그 뜻대로 행하는 것이 교회의 사명이다―"너희는 이 세대를 본받지 말고 오직 마음을 새롭게 함으로 변화를 받아 하나님의 선하시고 기뻐하시고 온전하신 뜻이 무엇인지 분별하도록 하라"(롬12:2).

숫자와 관련해서 한 가지만 더 내 의견을 말하는 것이 허용된다면, 나는 하나님께서 항상 선하고 진리이기 때문에 응답하시는 것만은 아니라는 사실을 지적하고 싶다. 이스라엘이 왕을 요구했을 때 하나님께서는 허락하셨다. 기도 응답이라고 볼 수 있지만, 그것은 하나님께서 기뻐하시는 일은 아니었다. 기뻐하시지 않을 경우에도 당신의 백성들이 달라고 떼를 쓸 때, 간혹 하나님께서는 그 기도에 응답하시고 들어주실 경우가 있다. 그 기도나 믿음이 선하기 때문에 들어주시는 것이 아니라, 당신의 백성들이 떼를 쓰니까, 하도 달라고 하니까, 일단 달라는 걸 줘놓고 지켜보시는 것이다. 기도해서 응답받은 후 자신이 받은 것을 감사하면서 겸손하게 청지기의 삶을 사는지, 아니면 받은 걸 자신의 것으로 사유화하고 자화자찬과 교만에 빠지는지를 지켜보신다는 말이다. 숫자가 진리가 아니고, 현상이 진리가 아니다. 그 어떤 경우에든지 지금 현재 하나님의 뜻을 분별하고 있는가, 이것이 중요하다.

그러나 문제는 사람들이 '이 세대를 본받지' 않는 게 아니라, 본받는다는 사실이다. 현실적으로 이 땅에서는 숫자가 힘이고 권위이고 진리가 된다. 과정이 어떻게 됐든, 하나님의 뜻대로 했느냐 아니냐가 기준이 아니라, 숫자적으로 성공하면 그 성공이 진리로 여겨지는 곳이 이 땅의 논리가 아닌가. 그리하여 삼박자축복론과 오중복음은 숫자를 숭배하는 이 땅에서 그 누구도 건드리기 힘든 신성한 목회론이 되었다. 적지 않은 교회의 강단에서 조 목사님의 어법과 어투까지 흉내내면서 여의도순복음식 메시지를 전하는 것이 한국교회의 풍속도 중의 하나가 되었다. 최근 여의도순복음교회 주변에서 조용기 목사님은 거의 우상화되고 있다는 느낌을 받는다. '세계적인 말씀의 종'이라는 자화자찬의 경배와 찬양이 우렁차게 울려퍼지고 있다.

그러나 필자는 여기서 토종 복음 마케팅의 대가 조용기 목사님의 목회적 성공이, 역설적으로 지금 한국교회 전체의 세속화 위기를 가져온 주요 원인들 중의 하나가 되었다는 사실을 강조하고자 한다. 삼박자축복론과 오중복음이 교회성장의 대표적인 목회론이 되고, 그래서 '생활의 형통'이 '복음'으로 통용되고 있는 지금 현실이, 앞서 지적했듯이 복음의 의미를 약화시키고, 복음을 값싼 복음으로 만드는 역기능과 악순환을 한국교회 전체에 지속적으로 야기하고 있다는 사실을, 나는 지적하고자 하는 것이다. 바꾸어 말하면 복음 아닌 '축복'을 '복음'으로 여겨지게 만드는 오중복음이 한국교회에 세속화의 〈연가시〉들을 무한대로 생산하는 통로가 되고 있다는 말이다. 여의도순복음교회의 성공을 자신의 미래의 성공으로 꿈꾸면서, 삼박자축복론과 오중복음 류의 번영신학의 메시지를 강단에서 토해내는 아류 복음 마케팅주의자들에 의해, 적지 않은 한국교회의 평신도들이 영적으로 죽어가고 있고, 교회들이 죽어가고 있다. 삼박자축복론과 오중복음이 조 목사님의 목회를 성공으로 이끌었을지는 모르나, 그로 인한 복음 마케팅의 폐해는 이 땅의 교회에 확산되고 있다.

> 프란시스 쉐퍼는 우리에게서 복음적 기독교를 파괴시키고 손상시키는 것은 다름 아닌 복음주의자라는 명목만을 가진 잘못된 복음주의임을 경고했고, 오늘날 기독교가 우리 인생의 진정한 목적이 되지 못하고 사람들의 기호나 만족시켜주는 대용품으로 전락하고 천박해졌으며 피상적으로 되어가고 있음을 지적했다…. (이런 잘못된 복음주의는-필자 덧붙임) "기독교를 '위로의 심리학'으로 변질"시키는 역기능이 도사리고 있음을 알아야 한다.
> 그러나 그리스도 교회는 등을 두드리고 위로해주는 곳이 아니다. 교회는 '위로의 장사를 하는 곳'이 아니다.[135]

주님의 교회는 '위로의 장사'를 하는 곳이 아니다. 복음은 마케팅하는 것이 아니다. 복음은 성경대로 선포되어야 한다. 신명기 27장 5절-8절을 보면 "또 거기서 네 하나님 여호와를 위하여 제단 곧 돌단을 쌓되 그것에 쇠 연장을 대지 말지니라 너는 다듬지 않은 돌로 네 하나님 여호와의 제단을 쌓고 그 위에 네 하나님 여호와께 번제를 드릴 것이며 또 화목제를 드리고 거기에서 먹으며 네 하나님 여호와 앞에서 즐거워하라 너는 이 율법의 모든 말씀을 그 돌 위에 분명하고 정확하게 기록할지니라"라고 말씀하신다. 여호와의 제단에 쇠 연장을 대지 말라고 하신다. 다듬지 않은 돌로 제단을 쌓으라고 하신다.

인간이 성경을 억지로 풀어서 고안해낸 삼박자축복론과 오중복음으로, 복음을 마케팅해서는 안된다. 성경은 율법의 모든 말씀을 제단의 돌 위에 분명하고 정확하게 기록하라고 하신다. 삼박자 축복론을 지지하지 않는 말씀들은 문맥적으로 무시해버리고, 문맥적 의미를 무시한 해석으로 성경을 억지로 풀어서, '축복'을 '복음'으로 만드는 것

---

135) 마이클 호튼, 김재영 옮김, 미국제 복음주의를 경계하라(나침반, 1996), 11면 재인용.

은 하나님의 계명을 어기는 일이다. "너는 이 율법의 모든 말씀을 그 돌 위에 분명하고 정확하게 기록할지니라"고 말씀하신다. 내가 보기에 삼박자축복론과 오중복음은 성경의 모든 말씀을 그 돌 위에 분명하고 정확하게 기록하지 않았다. 오히려 문맥 무시와 수신자 중심적인 해석으로 하나님의 본의를 분명하고도 명확하게 외면해버렸다. 분명히 말하지만 삼박자축복론과 오중복음은 '다듬지 않은 돌'이 아니다. 소비자중심적으로, 인본주의적으로, 마케팅적으로, 인간이 너무 심하게 '다듬은' 돌이다.

복음 마케팅 속에 숨어 있는 복음의 시뮬라시옹 현상

여기서 나는 다시 묻는다. 왜 조 목사님의 목회는 숫자적으로 성공했는가. 왜 조 목사님의 복음 마케팅은 세계에서 가장 숫자가 큰 교회를 가능하게 했는가. 조 목사님의 복음 마케팅은 결코 만만하게 볼 마케팅이 아니다.

교회 마케팅 측면에서 중요한 사람들 중의 한 사람인 릭 워렌 목사는 사람들의 필요를 우선적으로 채워주는 마케팅 전략을 강조한다. '사람들이 예수님 주위로 몰려든 이유는 그분이 그들의 육체적, 정서적, 경제적, 영적, 그리고 대인관계의 필요를 채워주셨기 때문이며, 어느 누구도 그의 마음을 열 수 있는 열쇠만 발견된다면 그리스도께 인도될 수 있다는 것이 나의 깊은 신념이라고[136] 릭 워렌 목사는 주장한다. 이렇게 사람들의 삶의 필요를 채워주는 걸 중시하는 릭 워렌 목사는 고객(마케팅의 입장에서 전도 대상자는 고객이다)들의 심기를 건드리지 않기 위해 매우 조심스러운 마케팅 전략을 구사한다. 예를 들면, 릭 워렌 목사는 '죄인'이라는 말을 쓰지 않는다. 고객들은 자신들을 '죄인'이라고 부를 때 진노하고 부담을 느끼기 때문이다. 그래서 그는 '죄인'이라는 말 대신에 '교회 안 나오는 샘'Unchurched Sam이라는 가치중립적 용어를 사용한다. 또 릭 워렌 목사는 기존 전통 교회의 복음 전파가 사람들에 대한 '위협' 내지는 '협박'이라고 간주하기도 한다.

그러나 릭 워렌 목사는 필요를 채움으로 삶의 문제를 해결하는 것이 기독교의 복음이라는, 조용기 목사님 식의 복음 마케팅으로까지는 가지 않는다. 릭 워렌 목사는 기독교의 복음은 오로지 예수 그리

---

136) 릭 워렌, 김현희·박경범 옮김, 새들백교회 이야기(디모데, 2006), 248-249면.

스도의 십자가를 통한 믿음으로만 가능하다고 말한다. 그럼에도 불구하고 릭 워렌 목사에게 필요충족이 그렇게 중요한 이유는, 사람들에게 필요를 기독교의 방법을 통해 채워주게 될 때 그들이 자연히 기독교의 진리에 관심을 갖게 될 것이라고 생각했기 때문이다.[137] 이처럼 릭 워렌 목사의 교회 마케팅이 고객들에게 복음의 의미, 죄나 회개의 의미를 약화시키는 조심스러움과 친절함을 통해 이루어지는 반면, 조용기 목사님의 오중복음에 나타난 복음 마케팅에는 릭 워렌 목사와 같은 조심스러움과 친절함은 거추장스러운 것에 불과하다. 릭 워렌 목사가 필요를 충족시킴으로써 사람들을 점차 복음의 진리에 관심을 가질 것이라고 주장한 반면, 조 목사님은 필요충족, 문제해결을 통한 '생활의 형통'이 바로 '복음'이라고 마케팅하고 나섰기 때문이다.

조 목사님의 복음 마케팅은 1960년대 조국 근대화 과정에서 '하면 된다'는 새마을운동식 분위기 속에서 탄생된 과감하고 과격한 마케팅이었다.[138] '축복'이 '복음'이라고 하는, 복음 마케팅은 소비자의 입장에서는 입이 떡 벌어지는 매력적인 상품이었다. 죽은 뒤의 천국만 말하는 것이 아니라 '지금 천국'을 강조하니, 믿음으로 영적인 복을 받는데다가 '생활의 형통'을 1+1로 준다고 하니, 바로 즉시 구매하고 싶은 충동을 불러일으키는 복음 상품이 아닐 수 없었던 것이다.

그런데 오중복음을 통한 복음 마케팅에는 아주 독특한 효과가 숨어 있다. 나는 이것을 복음의 '시뮬라시옹' 효과라고 명명하고자 한다. 시뮬라시옹이란 무엇인가. 이 글 앞부분에서 살펴보았듯이 시뮬라시옹이란 가짜가 진짜보다 더 진짜처럼 여겨지게 만드는 환상 조작

---

137) 옥성호, 마케팅에 물든 부족한 기독교(부흥과 개혁사, 2009), 293-296면.
138) 오중복음이 현재까지 '복음'으로서의 명맥을 유지하고 있는 한국교회의 현실은, 아직 한국 교회의 신학 수준이 1960년대의 근대성을 극복하지 못하고 있음을 잘 보여주는 증거라고 필자는 생각한다.

을 의미한다. 시뮬라시옹은 실제로는 존재하지 않는 대상을 존재하는 것처럼 만들어놓은 인공물을 의미한다고 설명된 바 있다. 그 인공물은 광고일 수도 있고, 영화, 드라마, TV 리얼리티 쑈, 오락 게임, 인터넷 등일 수도 있다. 시뮬라시옹은 이런 매체나 환상 창조 과정을 통해, 실제하지 않는 것을 실제보다 더 실제적인 것으로 인식하게 만드는 가짜다. 장정일 시인의 〈프로이드식 치료를 받는 여교사〉라는 제목의 시에서 나타났듯이, 여성 화자가 영화의 '허깨비들'의 환상에 사로잡혀 살면서, 주변에 있는 현실의 남자들을 시시하게 바라보게 만드는, 바로 그 '허깨비'가 시뮬라시옹이다. 이 '허깨비'는, 즉 가짜는 진짜보다 더 진짜처럼 느껴지는 가짜, 즉 '진짜보다 더 진짜 같은 가짜'이다.

조 목사님의 오중복음은 영적인 것과 물질적인 것을 '복음' 속에 교묘하게 섞어 넣음으로써 사람들을 현혹하는 시뮬라시옹 효과를 그 자체 속에 내장하고 있다. '아브라함의 복'만 해도 그렇다. "아브라함은 물질적이고 영적이며, 현세적이고 미래적인 복을 모두 충만히 받은 사람입니다."라고 하는 말에 약간 은혜를 받다가, '믿음' 이러다가, '아브라함의 복', 이렇게 나오면, 성경 전체의 문맥을 제대로 파악하지 못하고 있는 사람들은, 아브라함이 물질적인 축복과 영적 복을 받은 사람이며, 나도 예수 믿으면 그렇게 될 수 있다는 '환상'을 갖게 된다는 것이다.

생각해보라. 진짜 복음은 '영적 축복'이다. 그런데 예수 믿으면 '물질적 축복'(이것은 '가짜' 복음이다. '축복'은 '복음'이 아니다)도 받는다고 선포될 때 도대체 어떤 일이 일어나게 되는가. 사람들은 자신들이 좋아하는 '물질적 축복', 즉 가짜를 진짜복음인 것처럼 여기고, 진짜복음보다 가짜를 진짜처럼 여기면서, 자신들이 느끼는 필요를 예수를 믿으면 무조건 충족받게 된다는 환상을 갖고서, 그렇다면, 아 브라함의 복인가, 뭔가 하는 것, 나도 한번 받아볼까, 이런 생각을 하며, 오중복음을 받아들이게 된다는 것이다. 바꾸어 말하자면, 가 짜 '복음'인 '축복'이 진짜 '복음'인 것처럼 사람들에게 제시될 때, 사 람들이 가짜를 진짜인 것처럼 받아들이게 되는 환상 조작, 즉 시뮬 라시옹 현상이 일어나게 되는 것이다. 복음 아닌 것 같으면서도 복음 인 것 같고, 복음인 것 같으면서도 복음이 아닌 것, 이것이 오중복음 에서 나타나는 복음의 시뮬라시옹 현상이다. 가짜이면서도 진짜보다 더 진짜처럼 여겨지는 것이 오중복음 속의 '축복의 복음'이다. 짝퉁이 진품보다 더 진품처럼 여겨지는 것이 '축복의 복음'이다. '축복의 복음' 은 진짜복음보다 더 진짜처럼 여겨지는 '진짜 가짜'다.

성경의 축복의 성격은 (   )뿐만 아니라 물질적인 축복도 포함하고 있
으며, 내세적인 축복뿐 아니라 (   ) 축복도 약속하고 있습니다.

위의 내용은 〈오중복음과 삼중축복〉이라는 제목의 책 중, '축복의 복음'의 장에서 신구약에 나오는 축복 개념이 설명된 후, 앞에 설명된 내용을 독자들로 하여금 복습하게 만드는 문항들 중의 하나이다. 이 문항을 통해 '아브라함의 복'이 '영적인 축복'과 '물질적인 축복'이 되 고, 내세적인 축복뿐 아니라 '현세적인' 축복도 약속하고 있다는 오중 복음의 복음 마케팅을 다시 한 번 진리로 포장하는 세뇌 작업이 이 루어지고 있다. 이런 주입과 세뇌 과정들을 통해서 복음의 시뮬라시 옹 효과가 작동하게 되는 것이다. 내세적인 축복뿐 아니라 현세적 축 복까지 약속하는 오중복음의 메시지가 '진짜' 복음이고, 현세적 축복 을 약속하지 않은 복음이나 교리는 '가짜' 복음이고, '가짜' 진리라는

사실을 강조하는 학습이 이루어지고 있다는 말이다. 이런 시뮬라시옹 학습 효과에 의해 오중복음이 '진짜' 복음이고, 예수 믿는다고 무조건 복을 받는 것은 아니라는 기존 전통 교회의 복음은, 모조리 고리타분한 기독교 교리에 사로잡힌 '가짜' 복음이 되고만다. 오중복음은 이처럼 가짜가 진짜보다 더 진짜처럼 보이게 만드는, 복음의 시뮬라시옹 학습 효과를 그 자체 속에 내장하고 있다.

복음의 시뮬라시옹 현상은 조 목사님이 성경에 나오는 단어들의 애매성을 교묘하게 이용하는 경우에도 나타난다. 조 목사님이 십자가의 대속과 그 은총으로 즐겨 인용하는 고린도후서 8장 9절을 보면서 이야기를 계속하기로 한다.

> 우리 주 예수 그리스도의 은혜를 너희가 알거니와 부요하신 이로서 너희를 위하여 가난하게 되심은 그의 가난함으로 말미암아 너희를 부요하게 하려 하심이라.

위의 말씀에 대해 조용기 목사님은 이렇게 설명한다. "그런데 어떤 사람들은 그렇게 가난하게 사셨으니 예수 믿는 우리도 가난하게 사는 것이 마땅하다고 말합니다. 그러나 그것은 성경을 올바로 이해하지 못했기 때문입니다."고 주장하면서, 위의 고린도후서 8장 9절을 인용한 후, 이렇게 논지를 전개하고 있다. "이 말씀을 보면 예수님께서 왜 가난하게 사셨는지가 소상히 나와 있습니다. 예수님의 가난은 바로 우리에게 부요를 주기 위함이라고 하였습니다. 이 말씀은 아무리 달리 해석하려 해도 할 수 없을 만큼 매우 분명한 말씀입니다."라고 자신의 해석에 대해서 확신하는 태도를 보여주면서 말을 이어간다.

우리는 그리스도를 통하여 영원한 죄에서뿐 아니라 가난에서도 이미 대속된 자들인 것입니다. 이러므로 만일 우리가 이 말씀대로 복을 누리지 못한다면 우리는 예수님의 가난하게 사심을 헛되게 하는 자가 되고 맙니다. 그러므로 우리는 예수님께서 이미 이루어 놓으신 부요를 누리며 살아야 하고, 받은 바 복을 나누어 주는 신앙인이 되어야 합니다.

이것이 성경적인 하나님의 뜻이요, 그리스도를 영화롭게 하는 길입니다.[139]

위의 인용에 나타난 조용기 목사님의 논지는 이러하다. 예수님이 가난하게 되심은 그의 가난함으로 말미암아 그를 믿는 자들을 부요하게 하려 하심이다. 그러니 부요를 누리고 사는 것이 성경적인 하나님의 뜻이요, 그리스도를 영화롭게 하는 길이라는 논지다. 이 논지에서 조용기 목사님이 의미하는 '부요'는 물론 영적인 것을 포함한 물질적인 축복을 의미한다. '가난'과 '부요'라는 말이 나왔으니, 이건 분명하다. 아브라함의 복에는 영적인 것뿐만 아니라 물질적인 축복도 포함된다, 이런 논지인 것이다.

그러나 조 목사님의 확신과는 달리, 유감스럽게도, 이번 경우도 문맥적 상황은 결코 만만치 않다. 고린도후서 8장 9절은 고린도후서 8장 1절-8절과 10절-24절 사이에 있다. 인간과 모든 만물이 홀로 존재하지 않듯이, 문장도 자기 혼자 존재하지 않는다. 한 문장은 앞뒤 문장들과 일정한 의미론적 관련성을 갖는다. 고린도후서 8장은 풍성한 연보에 대한 말씀이다. 8장에서 바울은 고린도교회 교인들에게 그들이 시작한 연보, 예루살렘 성도들의 구제를 위한 연보를 완성하라고 부탁하고 있다. 그런 목적으로 8장 1절-5절에서 바울은 마게도냐교회가 연보에 열정을 보였던 일을 모범적인 사례로 제시하고 있다.

---

139) 조용기, 오중복음과 삼중축복(서울말씀사, 2012), 187-188면.

그리고 6절에 보면 이 연보를 위해서 디도를 고린도교회에 보낸 사실을 언급한다. 그리고 바울은 7절부터 15절 사이에서 고린도교회가 이 연보에 대해서 이행해야 할 책임을 굉장히 강하게 강조하고 있다.

7 오직 너희는 믿음과 말과 지식과 모든 간절함과 우리를 사랑하는 이 모든 일에 풍성한 것 같이 이 은혜에도 풍성하게 할지니라

8 내가 명령으로 하는 말이 아니요 오직 다른 이들의 간절함을 가지고 너희의 사랑의 진실함을 증명하고자 함이로라

9 우리 주 예수 그리스도의 은혜를 너희가 알거니와 부요하신 이로서 너희를 위하여 가난하게 되심은 그의 가난함으로 말미암아 너희를 부요하게 하려 하심이라

10 이 일에 관하여 나의 뜻을 알리노니 이 일은 너희에게 유익함이라 너희가 일 년 전에 행하기를 먼저 시작할 뿐 아니라 원하기도 하였은 즉

11 이제는 하던 일을 성취할지니 마음에 원하던 것과 같이 완성하되 있는 대로 하라

12 할 마음만 있으면 있는 대로 받으실 터이요 없는 것은 받지 아니하시리라

13 이는 다른 사람들은 평안하게 하고 너희는 곤고하게 하려는 것이 아니요 균등하게 하려 함이니

14 이제 너희의 넉넉한 것으로 그들의 부족한 것을 보충함은 후에 그들의 넉넉한 것으로 너희의 부족한 것을 보충하여 균등하게 하려 함이라

15 기록된 것 같이 많이 거둔 자도 남지 아니하였고 적게 거둔 자도 모자라지 아니하였느니라

지금 우리가 주목하고 있는 9절을 앞뒤로 연결하고 있는 문장들의 내용을 읽어보라. 7절, 8절은 "이 은혜에도 풍성하게 할지니라"는 말처럼 연보에 인색함 없이 풍성하게 하라는 내용이다. 명령은 아니지

만 간절함을 가지고 사랑의 진실함을 증명하라는 식으로, 명령보다 더 큰 부담감을 주면서 연보를 강조하고 있다. 그리고 9절 뒤를 보기로 하자. 여전히 연보에 대한 말이다. 내 뜻을 알린다, 있는 대로 하되, 연보를 완성하라. 자원해서 하라. 이런 내용이 아닌가. 그러니까 이런 7절, 8절과 10절-15절 사이에 있는 9절은 연보와 관련된 내용으로 봐야 한다. 조 목사님의 해석처럼, 문맥을 무시한 채, 영적인 축복과 함께 물질적인 축복을 누려야 한다는 식으로 해석하는 것은 그야말로 뜬금없는 해석이 아닐 수 없다. 문맥으로 보면 9절의 의미는 그리스도께서 가난하게 되셔서 너희를 부요하게 하신 모본을 보여주신 그 은혜를 너희가 알지 않느냐, 그러니 너희들도 연보에 모본을 보여라, 이런 의미가 되는 것이다.[140]

그러나 조금 앞의 인용에서 나타났듯이, 조용기 목사님은 고린도후서 8장 9절 말씀을 연보에 대한 강조의 말씀으로 해석하지 않았다. 반복되는 말이지만, 조 목사님은 성경의 문맥에 개의치 않는다. 성경의 문맥에 나타나는 하나님의 본의는 조 목사님의 관심 대상이 아니다. 어떻게 하든지 '축복'을 '복음'으로 만드는데만 관심이 있다. 그래서 조 목사님은, 보라, "부요하신 이로서 너희를 위하여 가난하게 되심은 그의 가난함으로 말미암아 너희를 부요하게 하려 하심이라"고 말하고 있지 않느냐, "너희를 부요하게 하려 하심이라"고 분명히 말씀하고 있지 않느냐, '부요'가 뭐냐, 분명히 '부요'에는 영적인 의미뿐만 아니라 물질적인 축복의 의미도 있다, 이런 해석을 주장하고 있는 것이다.

조 목사님은 이처럼 물질적인 축복과 연관시킬 수 있는 것이라면,

---

140) 존 칼빈 성경주석출판위원회 역편, 칼빈 성경 주석(성서교재간행사, 1993), 165-166면에서도 이렇게 주해되어 있다.

문맥은 아랑곳하지 않고, 어떤 구절이든지 가져와서, 필사적으로, 결사적으로, 영적 축복도 있지만, 물질적 축복도 있다, 풍성하고 부요하게 하는 것이 하나님의 뜻이라는 자신의 논리를 관철하고자 한다. '대속의 은총의 향유'라는 소제목에 나오는 다음의 설명을 들어보자.

① 이와 같이 예수님께서는 부요하신 자로서 가난하게 되시어 우리를 부요케 하셨으며, 율법의 저주에서 우리를 속량하사 아브라함의 복을 받게 하셨습니다. 이러한 복은 예수님의 십자가의 대속으로 이뤄진 것입니다. 따라서 예수 그리스도를 구주로 고백하는 모든 백성이 누려야 하는 복인 것입니다. …

② 또한 예수님께서는 주기도문을 통해 하루하루 살아가는데 필요한 것을 공급받는 것이 마땅하다고 말씀하셨습니다(마6:11).

③ 바울도 "나의 하나님이 그리스도 예수 안에서 영광 가운데 그 풍성한 대로 너희 모든 것을 채우시리라"고 증거하고 있습니다. 이와 같이 하나님께서는 풍성한 대로 모든 쓸 것을 채워 주심으로 우리가 선한 일을 풍성히 할 것을 원하고 계십니다(고후9:8,9).[141]

(번호는 필자가 논의의 편의를 위해 붙인 것임)

조 목사님이 위의 인용에서 ①, ②, ③을 연결하고 있는 논리의 핵심 고리는 물질적인 축복이다. ①의 '아브라함의 복'은 ②의 '필요한 것을 공급받는 것'과 ③의 '풍성한 대로 모든 쓸 것을 채워주심'이라는 논리와 연결되면서, 영적인 축복과 물질적인 축복을 동시에 의미하는 것으로 설명되고 있다.

그런데 이미 앞 장, 즉 〈축복의 복음'의 '성경적' '근거'가 보여주는 허구성〉에서 살펴보았듯이, 갈라디아서 3장 13절과 14절과 관련되는 ①의 내용은 갈라디아서 전후 문맥을 볼 때 결코 물질적 축복 개념

---

141) 조용기, 오중복음과 삼중축복(서울말씀사, 2012), 189면.

과는 전혀 관련이 없다. 문맥상 사도 바울이 갈라디아 교회에 율법주의에 대한 경고를 하면서, 예수 그리스도를 믿음으로 의롭게 된다는 것을 강조하는 내용이기 때문에, 믿음으로 의롭게 되는 '아브라함의 복'에는 물질적 축복의 개념이 들어갈 여지가 전혀 없다.

그리고 ②에서 주기도문에서 일용할 양식을 구하는 것이 '마땅하다'고 한 표현은 매우 흥미로운 대목이다. 주님이 가르치신 주기도에 일용할 양식을 구하는 것이 '마땅'한 일이라고 말씀한 곳은 없다. 없는 '마땅'을 만들어 넣을 만큼, 조 목사님은 물질적 축복과 관련된 말씀을 찾기에 갈급하다. 목마른 사슴이 시냇물을 찾는 것 같이 갈급하다. 그러나 성경을 해석하면서, 없는 걸 넣고, 멀쩡하게 전후에 있는 문맥의 의미를 빼버리는 것은 정당한 성경 해석이 아니다. 성경 해석은 성경의 저자이신 하나님의 본의를 찾고 받드는 것이지, 인간의 욕망이나 의도에 따라, 뭘 빼고 넣고 하는 작업이 아니다.

하나님께서는 "그러나 율법의 한 획이 떨어짐보다 천지가 없어짐이 쉬우리라"(눅16:17)고 하셨고, "우리가 전에 말하였거니와 내가 지금 말하노니 만일 누구든지 너희가 받은 것 외에 다른 복음을 전하면 저주를 받을지어다"(갈1:9)고 말씀하셨다. 이런 경고의 말씀에도 아랑곳하지 않고 성경해석을 하면서 문맥적 의미를 무시하는 사람들에게, 나는 이 말씀을 다시 한번 상기시키지 않을 수 없다. "내가 이 두루마리의 예언의 말씀을 듣는 모든 사람에게 증언하노니 만일 누구든지 이것들 외에 더하면 하나님이 이 두루마리에 기록된 재앙들을 그에게 더하실 것이요 만일 누구든지 이 두루마리의 예언의 말씀에서 제하여 버리면 하나님이 이 두루마리에 기록된 생명나무와 및 거룩한 성에 참여함을 제하여 버리시리라"(계22:18-19).

그리고 ③은 구원받은 모든 아브라함의 자손들에게 풍성히 줄 것을 약속하시는 하나님의 말씀이 아니다. ③은 빌립보 4장 19절에서 사도 바울이 풍성한 헌금을 한 빌립보교회를 향해서 한 말이다—"나의 하나님이 그리스도 예수 안에서 영광 가운데 그 풍성한 대로 너희 모든 쓸 것을 채우시리라". 그러니까 이 말씀은 예수 믿는 모든 자들에게 물질적 축복을 '복음'으로 주신다고 약속하신 말씀이 아니다.

이와 같이 조 목사님이 물질적 축복을, '생활의 형통'을, '복음'에 넣기 위해서 가져온 성경적 근거들은 모두 그 근거가 성립되지 않는다. 그러니까 '축복'은 '복음'이 아니다. 반복해서 하는 말이지만, 조 목사님은 '축복'을 '복음'에 넣기 위해 성경을 너무 억지로 풀고 있다.

하여튼 조 목사님은 집요하리만큼 오중복음에 '축복'을 넣는 작업에 골몰한다. '복', '아브라함의 복', '부요', '풍성' 이런 단어들이 갖고 있는 성경 본래의 의미가 무엇인지에는 관심이 없고, 어떻게 하든지 이런 단어들에 영적인 복과 아울러 '생활의 형통'의 '축복' 개념이 들어있다는 자신의 논리를 합리화시키는 작업에 집착하고 있다. 그리하여 성경의 전체적, 문맥적 의미에는 관심이 없고, 단지 '지금 천국'에만 관심이 있는 소비자들에게 가짜를 진짜처럼, 진짜를 가짜처럼 여기게 만듦으로써 복음의 시뮬라시옹 환상을 사람들 생각 속에 계속 심고 있다. 다음 인용을 계속 살펴보기로 한다.

> 또한 하나님이 영광 가운데 그 풍성한 대로 우리의 모든 쓸 것을 채우시겠다(빌4:19)고 하셨으며, 모든 은혜를 넘치게 하사 우리로 모든 일에 항상 모든 것이 넉넉하여 모든 착한 일을 넘치게 하려 하심이라(고후9:8)고 말씀하셨습니다.
> 이 말씀들을 살펴보면 신약 성경은 우리에게 의식주의 해결을 약속하고 있고, 우리의 쓸 것이 채움받고, 항상 모든 일에 모든 것이 넉넉한 삶을 약속하고 있습니다.[142]

---

142) 조용기, 오중복음과 삼중축복(서울말씀사, 2012), 192면.

헌금을 한 빌립보교회를 향해 사도 바울이 축복한 빌립보서 4장 19절 말씀과 모든 것이 넉넉하여 착한 일을 넘치게 하게 하신다는 고린도후서 9장 8절 말씀을 근거로 해서, 조 목사님은 그 말씀의 의미를 뒤틀어 다음과 같은 결론에 이르고 있다. "이 말씀들을 보면 신약성경은 우리에게 의식주의 해결을 약속하고 있고, 우리의 쓸 것이 채움 받고, 항상 모든 일에 모든 것이 넉넉한 삶을 약속하고 있습니다." 헌금을 한 두 교회를 향해 사도 바울이 했던 축복의 말을 비틀어서, 조 목사님은 구원받은 자들에게 물질적 축복을 약속하셨다, 그러니까 결국은 축복은 복음이다, 라는 자신의 주장을 다시 강조하고 있는 것이다. 계속 반복해서 하는 말이지만, 문맥을 무시한 이런 성경 해석은, 다음 그림에서 나타나듯이, 사람들에게 예수 믿으면 무조건 축복을 받는다는 잘못된 환상을 심어주면서, 사람들을 복음의 시뮬라시옹 현상의 노예로, 오중복음의 추종자로 만들게 되는 것이다.

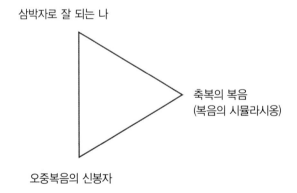

오중복음에 내장된 이러한 복음의 시뮬라시옹 현상은 매우 심각한 결과를 초래한다. 오중복음으로 믿음을 가진 사람은 복음 시뮬라시옹 환상에서 벗어나기가 힘들어진다. 첫째로, 수신자 입장에서 볼 때

'축복'(가짜 복음)이 진짜 복음보다 더 진짜로 여겨지기가 쉽다. 축복 받아 잘 살고 잘 먹는 게 악한 것은 아니지만, 잘 살고 잘 먹고 위해서, 형통하기 위해서만, 예수를 믿게 만들 가능성이 거의 백퍼센트라는 것이다. 왜냐하면 삼박자축복론과 오중복음은 "영적인 많은 내용을 많이 피력하고 있으나 그 모든 것도 사실은 어떻게 현세에서 성공적인 삶을 살며, 어떻게 물질 축복받으며, 어떻게 병 고침을 받을 수 있는가, 그 방법과 비결의 일환으로 먼저 영적으로 잘 되어야 한다는 주장"[143]을 그 자체 속에 담고 있기 때문이다. 다시 말해서 "현세적인 만족을 위해서 하나님을 이용하자고 꾀하는 꼴"[144]이 되고마는 것이다. 만약 이렇게 가짜 복음을 진짜 복음보다 더 신봉하는 신자가 있다면, 그 사람은 참 신자가 아니라, 기복주의자, 아니면 적어도 '육신에 속한 자'라고 봐야 한다. 이런 사람에게는 성공과 부가 진짜처럼 여겨지고 진짜 복음은 대수롭지 않은 것으로, 혹은 부담스럽고 거추장스러운 것으로 격하되고 말 것이기 때문이다.

둘째로 만약 한 사람이 오중복음을 통해서 거듭난 신자가 되었다 하더라도, 그 신자는 여전히 '축복'을 '복음'으로 생각하기 때문에 '축복'을 우선적으로 생각하고, 영적인 것에는 상대적으로 소홀하게 될 가능성이 높다. 가짜가 진짜보다 더 진짜처럼 여겨지기 때문에, 거기다가 축복을 추구하는 것이 욕심이나 탐심이 아니라 '복음'이고 구원의 진리라고 지속적인 학습을 받기 때문에, 이런 신자의 경우 성령의 소욕과 육신의 소욕, 영적인 복과 '생활의 형통'의 축복을 동시에 추구하는 두 마음이, 그 신앙 밑바탕에서부터 이원적으로 고착화될 가능성이 높다. 그러나 다른 한편으로는 이 두 마음은 두 마음이 아닌

---

143) 김덕환, 조용기 목사, 과연 그는 이단인가(한국광보개발원, 1981), 134면.
144) 김덕환, 같은 책, 134면.

것처럼 잘 마케팅된 복음으로 포장되어 있기 때문에, 오중복음에 세뇌된 사람들에게는 전혀 두 마음으로 보이지 않고 '복음'으로 간주됨으로써, 매우 심각한 영적 질병의 〈연가시〉가 그 안에서 자라나게 될 것이다. 대단히 교묘하게 고안된 복음 마케팅의 시뮬라시옹 효과가 오중복음의 신봉자에게 심각한 신앙적 역기능을 초래하게 되는 것이다.[145]

셋째로 가짜 복음인 축복의 복음을 중시하는 신자에게는, 진짜 복음 중에서 중생의 복음, 성령충만의 복음, 재림의 복음까지도 그 의미가 희석되거나 격하된다는 점이다. 시뮬라시옹 효과라는 게 원래 그런 게 아닌가. '축복의 복음'가짜이 영적인 복들진짜보다 더 진짜처럼 여겨지는 것이 복음의 시뮬라시옹 효과가 아닌가. 중생의 단계에서부터 영적인 것과 물질적인 것이 혼합된 '아브라함의 복'을 받았다고 학습받은데다가, '축복의 복음'에만 은혜(?)를 받은 신자는 성령충만을 자신의 축복을 위한, 필요충족을 위한 수단으로만 간주하게 되어, 이기주의적이고 자기중심적인 기도에만 몰두하게 될 것이고, 거기에다 재림의 복음은 이 땅에서 '축복'을 열망하는 신자들에게는 전혀 위로나 희망이 되지 않고, 오히려 '지금 천국'의 건설을 방해하는 재앙의 메시지로 인식될 수 있기 때문이다.[146]

---

145) 빌4:13과 히11:1을 전후문맥을 고려하지 않고 수신자 중심적으로 해석할 때 나타나게 되는 환상의 문제를 앞에서 필자가 지적한 바 있는데, 이런 경우들 또한 복음의 시뮬라시옹 현상과 관련된다고 볼 수 있다.

146) 실제로 조용기 목사님 설교를 주제별로 보면 '재림의 복음'에 대한 설교는 '축복의 복음'에 비해 보면 양적으로 매우 빈약하다.

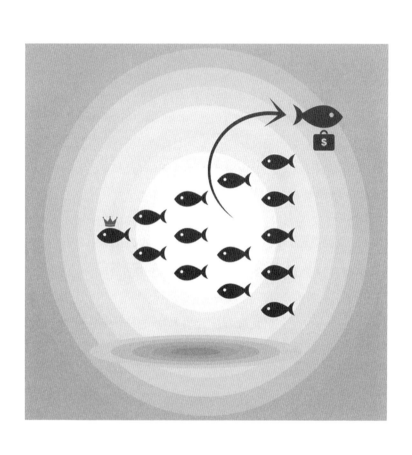

복음의 시뮬라시옹 속으로 침투하는 〈연가시〉들

삼박자 축복론과 오중복음은 역사적으로 볼 때 1960년대에 그 사고의 뿌리를 두고 있다. 그로부터 50여 년의 시간이 흐른 지금 시점에서 삼박자축복론과 오중복음, 이 신학적 입장은 재평가되고 재조명되어야 한다. 1960년대는 한국사회가 근대화의 길목에 들어섰던 시점이다. 그리고 지금은 한국사회는 포스트모더니즘 문화가 지배하고 있는 소비사회에 깊숙이 진입해 있다. 앞서 살펴보았듯이 조용기 목사님의 삼박자축복론과 오중복음은 1960년대 가난한 한국인들에게 필요를 충족해주고 위로와 소망을 주기 위한 목회관에서 비롯된 것이었다. 그로부터 50여 년의 시간이 흐른 지금, 지금 여기에서, 조 목사님의 목회관의 의미를 되살펴 볼 필요가 있다. 지루한 논의를 피하기 위해, 앞에서 살펴보았듯이 조 목사님이 불광동에서 천막교회 목회를 하던 당시, 전도하다 만났던 한 여인. 찢어지게 가난한 피난민이었으며, 남편이 알콜 중독자였던 데다가, 딸린 자식이 아홉이었던, 이초희라는 인물을 중심으로 해서, 대비적인 표를 만들어 삼박자축복론과 오중복음의 과거와 현재의 의미를 함께 생각해보기로 한다.

	대비항목	1960년대	지금 여기(2014년)
1	한국의 사회문화적 성격	근대, 혹은 근대화 과정	포스트모더니즘, 소비사회
2	전형적 인물	불광동 이초희씨	지금 서울 사는 '이초희'씨
3	조 목사님이 목회하는 교회	천막교회	세계에서 가장 숫자가 큰 교회

4	'지금 천국'의 의미	가난과 고통의 극복	향락적 소비주의, 욕망의 숭배
5	필요충족, 문제해결의 의미	의식주 문제해결, 생활의 형통	시뮬라시옹의 숭배 =우상숭배 값싼 복음, 천박한 축복주의
6	말씀에 대한 훈련 없이 기도만 치중하는 신앙이 가지는 역기능 문제	기도를 오직 문제해결, 필요충족의 수단으로 간주하게 됨	기도를 통해 자신의 욕망을 실현하고 확장하고자 하는 자아숭배의 역기능의 문제. 자아의 비대화.
7	성령충만만 강조하고 상대적으로 말씀에 대한 훈련을 소홀히 할 때 야기될 수 있는 역기능	자신의 문제를 해결하고 필요를 충족하기 위해 뜨겁게 기도하는 가운데 성령의 감동과 인간의 욕망을 분별하지 못할 가능성 내재	레마와 욕망을 분별하지 못하는, 성령의 감동과 욕망의 목소리를 분별하지 못할 위험성 내재. 욕망이 성의聖衣를 입음.
8	성경에 대한 태도	문맥무시, 하나님의 본의 배제, 삼박자축복론을 절대화하기 위해 축복을 '복음'으로 만드는 오중복음을 완성함	삼박자축복론과 오중복음이 '다' 성경에 근거한 것이라는 자화자찬의 논리에 빠짐. '축복'을 '복음'으로 간주한 성경해석이 절대화되고 다음 세대로 계승될 상황에 놓여 있음.

9	가난의 의미	극복해야 할 대상 가난 극복의 정신으로 현실을 돌파함	가난은 책망의 대상이 됨 (예-거지 나사로를 책망하는 설교들). 가난을 믿음이 없는 탓으로 책망하는 성공주의 강단.
10	소망/위로 중심 메시지의 의미	고통에 있는 자들을 위한 위로 격려	부담스러운 기독교 교리에 대한 거부감을 확산시킴. 예수님이 왕이 되는 것이 아니라 신자가 왕이 됨.
11	삼박자 축복론/ 오중복음의 의미	복음의 시뮬라시옹 문제해결 중심의 신앙	복음의 시뮬라시옹 번영신학, 성공주의가 축복 중심의 신앙과 결합됨으로써 세속화가 가속화됨. 실제적 무신론자들의 대량생산.
12	복음 마케팅의 목표와 결과	가난 극복, 문제해결이라는 마케팅 효과.	기본적인 욕구가 충족된 사람들에게 마케팅 효과가 미미해짐.
13	교회와 목회의 의미	목회자로서의 성공을 위해 몸부림치던 시기	성공주의와 숫자 숭배 성공 목회의 자화자찬

필자가 임의적으로 만들어본 표이다. 1960년대와 2014년 지금 여기, 삼박자축복론과 오중복음이 갖는 의미를 대비적으로 만들어 본 것이다. 이 표에 의하면 1960년대 삼박자축복론과 오중복음은 가난의 한을 벗어나기 위해 몸부림치던 한국인들에게 '생활의 형통'과 소망의 메시지로서 강력한 호소력을 가질 수 있었다. '축복'은 '복음'이며, 예수 믿으면 '생활의 형통'을 얻게 된다는 필요충족의 복음, 가난 극복과 문제해결이라는 복음 마케팅은 그 나름대로 대중적인 호소력과 설득력을 갖고 있었다. 그러나 지금 여기 소비사회로 진입한 한국사회 속에서 복음 마케팅이 가져오는 효과 혹은 결과는 극히 부정적이다. 일일이 설명하려고 하지는 않겠다. 맨 오른쪽 기둥에 세로로 나열된 항목들을, 나는 삼박자축복론과 오중복음이 오늘날 갖게 되는 역기능의 양상들—세속화의 〈연가시〉의 메뉴들—이라는 말로 지루한 설명을 대신하려고 한다.

오중복음은, 필요충족과 문제해결의 복음 마케팅을 내장하고 있는 삼박자축복론을 뒷받침하기 위한, 신학적 시녀이다. 그 오중복음 중에서 적어도 '축복의 복음'은 '복음'이 아니다. 그러므로 오중복음과 삼중축복을 설명하고 있는 책에서 "'순복음'이란 성령의 감동으로 쓰여진 하나님의 말씀을 '그대로'fully, '다'totally 믿고 받아들이는 '충만한 복음'Fully Gaspel을 의미"한다는 부분을 읽었을 때[147] 나는 결코 이 설명에 동의할 수 없었다. 삼박자 축복론과 오중복음은, 성령의 감동으로 쓰여진 하나님의 말씀을, '그대로', '다' 믿고 받아들이지 않았기 때문이다. 성경 전체의 문맥을 무시하고 가까운 문맥을 무시하고, 삼중축복을 지지하는 말씀만 걸러내고 나머지는 외면하고 무시하는 지독한 오독을 보여주었기 때문이다. 오히려 성경이 삼중축복론을 섬기고

---

147) 조용기, 오중복음과 삼중축복(서울말씀사, 2012), 10면.

'복음'이 삼중축복론을 떠받드는 양상을 보여주었기 때문이다.

이런 의미에서 오중복음 중에서 '축복의 복음'은 '복음'으로 인정될 수 없다. 그리고 바로 이런 관점에서 오중복음은 결코 '충만한 복음'이 아니다. 오중복음은 신유를 복음으로 인정하지 않으면, 오삼복음이며, 신유를 복음으로 인정하는 입장에서 보면 오사복음이다. 오중복음 중 3/5 혹은 4/5만 복음이라는 말이다. 물론 나머지 복음도 '축복의 복음'에 의해 많이 희석화되고 변질되었지만 말이다.

당연한 얘기지만 여의도순복음교회는 조용기 목사님 개인의 소유가 아니다. 가족들의 소유도 아니다. 그 교회는 '민첩한' 성경해석에 의해, 과감한 복음 마케팅으로, 숫자적으로 성장한 공로로, 하늘에서 내려온 '하나님의 선물'이 아니다. 여의도순복음교회의 성공이 한국교회에 마냥 좋기만 한 것은 아니다. 여의도순복음교회의 외형적 성공은 조용기 목사님의 몫인지 모르겠으나, 여의도순복음교회 쪽에서 가끔 들려오는 분쟁과 구속사건, 그리고 금전과 얽혀 있는 사건들은, 여의도순복음교회만의 문제가 아니라 한국교회 전체의 위상을 흔드는 문제가 된다. 대형교회가 작은 교회들이 못하는 일들을 하기도 하지만, 때로는 작은 교회들이 일으킬 수 없는 큰 문제들을 일으킬 수 있으며, 실제로 그런 일들이 작금의 한국교회 현실에서 자주 목격되고 있다. 삼박자축복론과 오중복음, 다른 교회, 다른 교단 신학을 놓고, 왜 이래라저래라 하느냐는 말은 절대로 하지 말기를 바란다. 삼박자축복론과 오중복음의 일시적 수혜자는 조용기 목사님이나 여의도순복음교회일 수도 있겠으나, 조 목사님의 복음 마케팅이 야기하는 후유증과 폐해를 입게 되는 것은, 대한민국 복음주의권 전체 교회이며, 모든 성도들이기 때문이다.

삼박자축복론과 오중복음은 한국교회에 잘못된 '축복의 복음'을 확산시키고 무수한 〈연가시〉들을 퍼뜨리고 있는 원천들 중의 하나이다. 이제 삼박자축복론과 오중복음은 역사 속에서 사라지고 폐기되어야만 한다.

-'여호야김 왕의 면도칼'.

과연 구약성경에만 나오는 장면이겠는가?

나는 이 시대 한국교회에도 '여호야김 왕의 면도칼'이 있다고 생각한다.

아니, 훨씬 많다고 생각한다. 성경의 근접, 원접 문맥을 무시한 성경해석,

일종의 '여호야김 왕의 면도칼'이 아닌가.

:

'여호야김 왕의 면도칼'은
한국교회 강단에서
추방되어야 한다.

*

예레미야 36장을 보면 하나님께서 예레미야를 통해서 전하신 말씀을 기록한 두루마리를 여호야김 왕이 화롯불에 태우는 장면이 나온다.

20 그들이 두루마리를 서기관 엘리사마의 방에 두고 뜰에 들어가 왕께 나아가서 이 모든 말을 왕의 귀에 아뢰니

21 왕이 여후디를 보내어 두루마리를 가져오게 하매 여후디가 서기관 엘리사마의 방에서 가져다가 왕과 왕의 곁에 선 모든 고관의 귀에 낭독하니

22 그 때는 아홉째 달이라 왕이 겨울 궁전에 앉았고 그 앞에는 불 피운 화로가 있더라

23 후디가 서너 쪽을 낭독하면 왕이 면도칼로 그것을 연하여 베어 화로 불에 던져서 두루마리를 모두 태웠더라

24 왕과 그의 신하들이 이 모든 말을 듣고도 두려워하거나 자기들의 옷을 찢지 아니하였고

25 엘라단과 들라야와 그마랴가 왕께 두루마리를 불사르지 말도록 아뢰어도 왕이 듣지 아니하였으며

26 왕이 왕의 아들 여라므엘과 아스리엘의 아들 스라야와 압디엘의 아들 셀레먀에게 명령하여 서기관 바룩과 선지자 예레미야를 잡으라하였으나 여호와께서 그들을 숨기셨더라

낭독된 말씀을 들은 여호야김 왕의 반응은 충격적일 정도로 교만하다. 그의 아버지 요시야 왕이 보여주었던 반응과는 정반대다. 요시야 왕은 말씀을 듣자마자 자기 옷을 찢고 우상을 불태웠는데(왕하 22장), 여호야김 왕은 하나님 말씀을 듣고도 두려워하거나 옷을 찢지 않는다. 오히려 그는 면도칼로 두루마리 책을 찢어서 화롯불 속에 던져 태워버린다. 주변에서 말려도 듣지 않는다. 오히려 여호와 하나님의 말씀을 전한 선지자 예레미야를 잡으라는 체포 명령을 내린다.

－'여호야김 왕의 면도칼'.

과연 구약성경에만 나오는 장면이겠는가?

나는 이 시대 한국교회에도 '여호야김 왕의 면도칼'이 있다고 생각한다. 아니, 훨씬 많다고 생각한다. 성경의 근접, 원접 문맥을 무시한 성경해석, 일종의 '여호야김 왕의 면도칼'이 아닌가. 자신이 좋아하는 말씀만 골라서 인용하고 부담스럽거나 받아들이기 힘든 말씀들을 모두 오독誤讀의 면도칼로 베어 내버리는 것은 여호야김 왕과 같은 행위가 아닌가. 반복적으로 하는 말이지만 문맥을 무시하는 태도는 단순히 해석자의 나쁜 습관 정도로 치부해서는 안된다. 문맥에 나타난 하나님의 뜻을 완전히 무시하는 태도다. 인간의 욕망의 면도칼로 하나님 말씀을 제멋대로 도려내 불태워버린 여호야김 왕과 같은 태도다.

성경의 문맥적 의미를 무시하고 자신이 만든 틀에 성경을 맞추려는 행위는 올바른 성경해석이 아니다. 그런 오독으로 만들어진 복음은 진정한 복음이 아니다. 우리가 읽고 묵상하고 살피고 사랑하는 성경은 '하나님의 말씀'이다. 성경은 인간이 그 의미를 함부로 조정하고 변형할 수 있는 것이 아니다. 그 사람이 목사든, 평신도든, 그 누구건, 성경은 하나님 말씀이므로 이 말씀을 해석하거나 적용할 때는 신중해야 한다. 드러나야 할 것은 '하나님의 의중'이지 '우리의 실용적인

목적'이 아니다. 실용적인 목적이 하나님의 의중을 덮어버릴 때, 성경은 왜곡되거나 손상된다.[148]

다시 한번 강조하는 말이지만, 성경 해석에서 문맥을 따지는 태도를, 꼬장꼬장한 신학적 전통을 가진 신학교를 졸업한, 꼬장꼬장한 성격의 소유자들이 보여주는, 꼬장꼬장한 습관으로 보면 안된다. 성경이든 아니든, 글로 된 텍스트는 문맥을 따지면서 읽어야 하는 것이 기본 독법이고 기본 상식이다. 한 단어나 문장의 의미는 그것 자체가 아니라 전후 문맥에 의해 결정된다는 것은 독법의 기본이다. 내가 기억하기로는 대한민국 학생들이 중학교 과정부터 국어 시간에 배우게 되는 기초 독법이다. 만약 지금 한국에서 종교개혁이 시작된다면, 마틴 루터처럼 95개조를 어디다 갖다 붙이고 하는 식으로 거창하게 시작할 필요가 없을지도 모른다. 중학교 국어 과정에서 가르치는 문맥 개념을 설교자들이 제대로 익히고 실행하는 데서부터, 제2의 종교개혁은 시작될 것이다.

오늘날 한국교회 일부 설교자들이 보여주고 있는 문맥을 무시하는 성경해석은 한국교회가 전체적으로 심각하게 생각하고 버려야 할 문제이다. 한국교회 세속화의 주범은 강단이며, 세속화의 극복의 주된 책임도 강단에 있다. 강단에서 목회자들이 자신이 만들어낸 틀에 의해서 '여호야김 왕의 면도칼'로 하나님의 말씀을 왜곡하고 변질시킬 때, 그 강단의 메시지를 통해서 엄청나게 많은 영적 〈연가시〉들이, 교회와 그 소속 교회 성도들 속으로 대량으로 침투하게 된다. 설교자들이 자신이 의식적으로 무의식적으로 갖고 있는 '여호야김 왕의 면도칼'을 버리지 못할 때, 그 설교가 일시적으로는 감동과 설득력을 갖는다 하더라도, 그 메시지를 통해 침투해 들어오는 〈연가시〉들에 의

---

148) 윤석준, 한국교회가 잘못 알고 있는 101가지 성경 이야기2(부흥과 개혁사, 2013), 16면.

해 교회가 죽고 성도들이 죽게 되는 끔찍한 재앙을 초래하게 된다는 말이다. 성경의 저자의 의도를 곡해하는 습관은 하나님께서 오늘날 교회들에게 어떻게 말씀하는지에 대해 그릇된 견해를 조장한다.[149] 물론 의미가 왜곡된 성경 해석을 통해 일시적으로 위로를 얻는 그리스도인들도 있겠지만, 그 위로는 영원의 시간에서 볼 때, 생명이 아니라 독이 될 가능성이 높다.

문맥을 무시한 성경해석, 성경을 자신의 생각대로 몰고가는 의도적인 오독, 설교자가 필요한 부분만 뽑아서는, 마치 쥐 파먹듯이, 써먹는 것으로 만족하는 발췌독, 그리고 성경을 먼 배경으로 깔아놓기만 하고, 성경 본문과는 전혀 관계없이 설교자 자신의 생각과 말만 늘어놓고, 설교를 진행하는 성경 본문의 원경화遠景化 현상은, 현대 한국교회에서 흔히 볼 수 있는 '여호야김 왕의 면도칼'이다. 이 '여호야김 왕의 면도칼'을 없애야 한국교회가 산다. 자신의 주장의 근거를 내세우기 위해 문맥적으로 관련이 없는 성경 본문을 사용하는 설교자는 자신의 생각을 뒷받침하기 위해 성경의 권위를 강탈하고 있음을 깨달아야 한다.[150]

예배 시간에 말씀을 봉독하는 것은 회중에게 하나님의 말씀을 선포한다는 뜻을 갖고 있다. 그렇게 말씀을 봉독한 후에 설교자가 그 성경 본문에 대해서는 일언반구도 없이, 본문과 관계없이, 자의적으로 설교한다면, 차라리 성경을 봉독하지 않았으면 좋았을 것이라는 생각이 들 때가 있다. 왜 성경을 봉독하는가. 차라리, "오늘은 제 소견을 발표하는 시간을 갖겠습니다. 많은 은혜 받으시기 바랍니다"라고 하는 게 더 낫지 않겠는가. 성경을 봉독했으면 그 본문에서 말씀

---

149) 리처드 L. 슐츠, 김태곤 옮김, 문맥, 성경이해의 핵심(아가페북스, 2014), 248면.
150) 리처드 L. 슐츠, 같은 책, 248면.

하시는 하나님의 본의本意를 말해야 한다. 성도들에게 얼마나 은혜가 되느냐, 안 되느냐는 문제 이전에, 하나님 앞에서 무례하고 교만한 태도가 된다고 봐야 하지 않겠는가.

'여호야김 왕의 면도칼'은 한국교회 강단에서 수십 년 동안 사용해 온 히트 상품이다. 예를 들면 히브리서 11장 1절-40절에서 1절을 소원을 바라면 현실에서 이루어진다는 논리로 해석해버리면, 사실상 3절 이후 40절까지 서른여덟 개의 절들을 면도칼로 잘라버리는 셈이 된다. 그 서른여덟 개의 절들이 그 해석을 지지하지 않기 때문이다. 1절을 그렇게 해석한 순간, 그 뒤에 나오는 서른여덟 개의 절들은 '여호야김 왕의 면도칼'에 의해 베임을 당하여 설교자의 욕망의 화롯불 속으로 던져진 셈이다.

성경에서 말씀하는 하나님의 언약은 축복과 저주이다. 언약에 신실할 때 복이 임하고, 언약에 불신실할 때 저주가 임하는 것이다. 그런데 오늘날과 같은 소비자 중심 시대, 곧 "하나님의 말씀을 있는 그대로 순수하게 전하려는 열정보다는 사람의 구미에 맞는 것을 전하는 데 더 정열을 기울이는" 이런 시대에는 '언약의 저주'가 제대로 전달되지 않는다.[151] 고객들의 비위를 맞추는데 급급한 수신자 중심적 강단에서는 늘 이런 일이 일어난다. 그래서 성도들은 교회 가면 복 받는다는 이야기만 듣지, 자신들의 불신앙이 가져올 저주에 대해서는 듣지 못하게 된다.

한국교회가 세속화되고 있는 이유 중의 하나는 성경의 문맥을 예사로 무시하는 강단 때문이다.[152] 세속화 문제를, 세상을 살아가는 평

---

151) 윤석준, 한국교회가 잘못 알고 있는 101가지 성경 이야기1(부흥과 개혁사, 2013), 142면.
152) 물론 많은 건전한 복음주의적 교회들에서는 성경에 충실한 설교가 이루어지고 있다고 나는 믿고 있고 실제로 그러하다. 일부가 그렇다는 얘기다.

신도들의 믿음 없음 탓으로만 돌려서는 안된다. 하나님이 내려주시는 복만 이야기하고 하나님의 진노를 전하지 않는 사람은 거짓 선지자이다.[153] 거짓 선지자는 늘 '여호와김 왕의 면도칼'을 소지한 채 설교 준비를 하고 설교를 하는 사람이다. 축복과 저주 중에서 저주가 나오는 모든 성경 말씀들을, 자신의 욕망의 '면도칼'로 잘라내어 화롯불에 던지는 사람들, 성경의 문맥을 무시하고 자신의 주장을 내세우는 사람들은 모두 이 시대의 여호야김 왕이다.

해석의 윤리성은 성경 해석에서 다시 없이 중요하다. 성경 해석은 도덕적으로 중립적인 것이 아니다. 어떤 본문을 의도적으로 잘못 해석함으로써, 성경 저자의 의도를 잘못 전하는 것은 도덕적으로 비난할만한 일이고 죄이다. 그것은 일종의 '위증을 수반한' 거짓말이 된다. 성경을 잘못 해석하는 것은 죄악이다. 성경은 주로 행위의 도덕성 문제를 다루기 때문에, 잘못된 해석은 사람들로 하여금 잘못된 행위에 이르게 하고, 더 큰 죄에 빠지게 하기 때문이다.

예레미야 선지자에 대적했던 거짓 선지자 하나냐에 대해 하나님께서는 자신이 '보내지 아니한' 선지자라고 말씀하셨다. 그러나 당시 현실에서는 하나님께서 말씀하시지 않은 엉터리 예언으로 참 선지자 예레미야를 공격하고 핍박했던 거짓 선지자가 하나냐였다. 설교자는 설교를 준비할 때마다 자신이 예레미야인지 하나냐인지를 염두에 두면서 성경에 충실하려고 애써야 한다. '다른 사람은 몰라도 적어도 나는 하나냐가 아니다'라고 쉽게 단정하지 말라. '거지 나사로'를 책망하는 설교자는 하나냐 쪽에 가깝다, 고 나는 생각한다. 문맥을 예사로 무시하는 성경 해석을 하는 습관을 가진 설교자들은 분명히 하나냐

---

153) 윤석준, 한국교회가 잘못 알고 있는 101가지 성경 이야기1(부흥과 개혁사, 2013), 142-143면 참조.

쪽으로 기울어져 있다. 성경 전체를 꿰뚫는 통독적 사고를 하지 못하면 그 누구나 하나냐가 되기가 더 쉽다.

하나냐를 우습게 봐서는 안된다. 당시 유대 사회는 친애굽파가 득세하고 있었다. 당시 유대 왕과 고관들은 친애굽 정책을 고집하면서 하나님의 뜻을 거스르고 있었다.(그 당시 하나님의 뜻은 유대가 그들의 죄로 인한 심판으로 바벨론에 의해 멸망당하여 바벨론으로 끌려갔다가 칠십년 후에 다시 돌아오게 하는 것이었다.) 하나냐는 그런 상황 속에서 상당한 대중성을 발휘하며 성공한 목회자였을 가능성이 높다. 어쩌면 그 당시 유대 사회에서 가장 인기 있는 설교자였을지도 모른다.

그 정도 되니까, 바벨론에게 멸망당하고 항복하는 것이 하나님의 뜻이라는, 그 당시 유대 사회의 분위기로 볼 때 매우 '부정적인' 메시지를 전하던 예레미야 선지자를, 사람들 앞에서 당당하게 책망하지 않았겠는가. 그 정도 되니까 여호와의 성전에서 제사장들과 모든 백성이 보는 앞에서, 바벨론 왕 느부갓네살이 예루살렘에서 바벨론으로 옮겨갔던 여호와의 성전 모든 기구들이 이 년 안에 다시 이곳으로 돌아오게 될 것이고, 바벨론에 포로로 잡혀간 사람들도 돌아올 것이라는 '긍정적' 예언을 하지 않았겠는가. 그러나 이 '긍정적' 예언은 거짓임이 드러나고 그는 그 해 일곱째 달에 죽고만다.

당시 하나님의 뜻을 분별하는 사람들은 예레미야 선지자를 포함하여 극소수에 불과했다. 아니 거의 예레미야 혼자였다. 지금 한국 땅에는 번영신학과 심리주의와 성공주의와 물량주의와 숫자숭배주의가 득세하고 있다. 이런 상황 속에서 이 땅의 설교자들은 자신이 예레미야인가 하나냐인가를 심각하게 생각하면서 하나님 말씀을 읽고 해석하고 설교해야 한다.

성경 해석은 진리의 문제를 직접적으로 다룬다는 사실이 중요하다. 진리와 도덕은 서로 분리될 수 없다. 진리의 말씀을 잘못 해석하는 것은 일종의 거짓말이며, 거짓말은 악이다. 삶과 죽음의 문제인 진리의 말씀을 잘못 해석하는 것은 그 어떤 악과도 비교할 수 없으리만큼 큰 악이다.[154]

설교자는 성경을 해석할 때 자신의 죄 문제를 늘 인식해야 할 의무가 있다. 성경을 해석할 때 해석자는 자신이 말씀의 의미를 제대로 깨닫지 못한 가운데 잘못된 해석을 할 수도 있다는 전제에서, 자신의 연약함과 한계와 죄성을 끊임없이 회개하고 돌아보아야 한다. 야고보 사도가 "내 형제들아 너희는 선생된 우리가 더 큰 심판을 받을 줄 알고 선생이 많이 되지 말라"(약3:1)고 했다. 가르치는 것은 자신의 해석을 전수하는 것인데, 만약 그 해석에 오류나 허위가 들어있다면 매우 심각한 문제가 된다. 그 잘못된 해석이 영구적으로 후세들에게 내려가게 되는 것은 재앙 중의 재앙이 아닐 수 없기 때문이다.[155]

어느 시대나 복음의 진리를 바로 지키기 위해 날마다 죽는 싸움을 싸운 사람들은 항상 소수였다. 그러나 비록 소수이기는 하지만 진리에 굳게 서서 하나님의 교회가 성경의 진리대로 회복되기를 바라면서 행동했던 믿음의 선배들이 교회 역사를 기록해왔다는 사실을 우리는 기억해야 한다. 진리는 사람들의 숫자에 좌우되지 않는다. 진리는 다수의 편에 있는 것이 아니라 하나님 편에 있다. 이런 점에서 이미 고인이 되셨지만 척박한 한국 땅에서 세례 요한처럼 십자가의 신학, 별세신학을 외치셨던 이중표 목사님의 다음과 같은 글은 아직 이 땅에 남아서 매주, 매일, 하나님 말씀을 붙들고 설교하고 있는 설교자들에

---

154) 딘 맥카트니/찰스 크레이튼, 김동수 옮김, 성경해석학(IVP, 2000), 40면.
155) 딘 맥카트니/찰스 크레이튼, 같은 책, 42면 참조.

게 경종을 울리는 무게감을 갖고 있다고 생각된다.

> 목회자가 먼저 별세되어야 교인들도 별세하게 된다.[156]
>
> 오늘날 교회는 많으나 이 세상이 전혀 변하지 않는 것은 목사가 별세하지 않았기 때문이다.[157]
>
> 모세가 이스라엘을 출애굽은 시켰으나 가나안에 인도하지 못한 것처럼 많은 목회자들이 교인들을 세상에서 끌어내는 데는 성공했으나 별세로 살게 하는 데는 실패했기 때문에 교인들이 육신의 정욕과 안목의 정욕과 이생의 자랑으로 살고 있다.[158]

이중표목사님이 말하는 '별세別世'란 십자가에서 내가 죽고 예수를 믿는 믿음으로 사는 삶을 말한다. 인간적인 욕망과 인본주의적 가치관을 옛사람과 함께 십자가에 못박고 성경을 성경대로 읽고 묵상하고 적용하고 선포하는 '별세'의 설교자가 이 시대에 필요하다는 지적이다. 물론 이중표목사님이 말하는 '별세'는, 목회자의 삶 자체가 '별세'의 모습을 보여주어야 한다는데 강조점이 주어져 있지만, '별세'한 설교자는 성경을 해석하고 하나님의 말씀을 전할 때에도, 자신의 인간적인 욕망과 인본주의적인 가치관들로부터 '별세'한다. 목회자 자신의 옛사람이 십자가에 못박혀 죽고 예수 안에서 새사람으로 살아야 교인들도 그렇게 살게 된다는 지적, 오늘날 교회는 많지만 세상이 전혀 변하지 않는 것은 목사가 인간적인 욕망과 인본주의적 가치관을 죽이지 못하기 때문이라는 지적은, 평범한 듯하나 근본적으로 정곡을 찌르는 말씀이 아닌가.

---

156) 이중표, 별세의 목회, 21면.
157) 이중표, "별세목회신학" 6.
158) 이중표, "별세목회신학" 7.

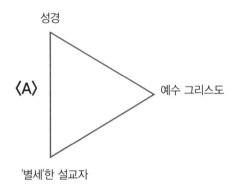

성경

〈A〉   예수 그리스도

'별세'한 설교자

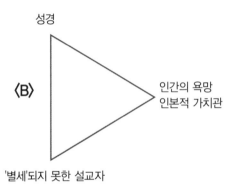

성경

〈B〉   인간의 욕망
                      인본적 가치관

'별세'되지 못한 설교자

　'별세'한 설교자는 예수 그리스도를 통해서 성경을 해석한다. 그는
예수 안에서 죽었다. 그래서 그는 성경의 문맥을 무시하고 자신의 주
장을 내세우거나 자신의 인간적인 욕망과 인본주의적 가치관으로 성
경의 본래적인 의미를 왜곡시키지 않는다. 그러나 '별세'하지 못한 설
교자는 인간의 욕망과 인본주의적 가치관─성공주의, 물신주의, 자
아숭배, 심리주의, 마케팅주의, 고객중심주의, 시뮬라시옹, 숫자숭
배, 하나님의 은혜를 자신의 공로로 간주하고 자화자찬에 빠지는 일,

기업주의, 교회의 사유화, … 등등—으로 성경을 왜곡시키고 파괴시킨다. 그러니까 실질적으로 '별세'하지 못한 채 성경의 문맥을 무시하고 성경을 자의적으로 파괴하는 설교자는 여호야김 왕의 면도칼을 그 속에 품고 있는 자들이다. 위의 〈B〉의 도식을 다시 여호야김 왕의 경우와 비교해보자.

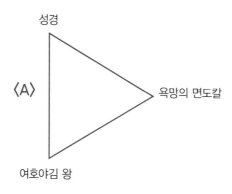

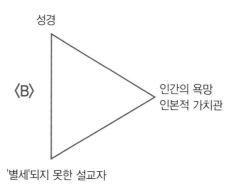

위의 도식을 보면 〈A〉와 〈B〉는 욕망의 구조가 똑같다. 여호야김 왕이 면도칼로 성경 말씀을 오려내듯이, '별세'되지 못한 설교자는

자신의 욕망과 인본적 가치관으로 성경을 도려내고 왜곡시키고 파괴시킨다. 여호야김 왕과 '별세'되지 못한 설교자는 성경을 대하는 태도가 궁극적으로는 똑같다. 생각해보라. 면도칼로 하나님의 말씀 종이를 잘라내서 화롯불 속에 던져버렸던 여호야김 왕이나, 성경의 문맥을 무시하고 인간의 욕망과 인본적 가치관에 의해 성경을 난도질하는 '별세'되지 못한 설교자나 도대체 무엇이 다르단 말인가.

오늘날 '별세'하지 못한 한국교회의 일부 목회자들이 번영신학적으로, 심리주의적으로, 성공주의로, 기복주의적으로 말씀을 선포하기 때문에, 그래서 그 결과로 목회자들 뿐만 아니라 "교인들이 육신의 정욕과 안목의 정욕과 이생의 자랑으로 살고" 있기 때문에, 오늘날 한국교회의 세속화 문제는 날로 가속화되고 심각해지고 있다. 더 정확하게 말하자면, 오늘날 '별세'되지 않은 일부 목회자들의 설교들로 인해, 세상으로부터 '별세'되지 않은(혹은 '별세'할 생각이 전혀 없는) 실제적 무신론자들이 교회 안에서 대량생산되고 있다.

십자가에서 자신이 이미 주님과 함께 못박혀 죽었음을 믿고, 그렇게 살지 않는 신앙은 기복신앙이라고 이중표목사님은 강조한다. "별세되지 않은 신앙은 미신이요, 결국 인격 없는 기복신앙으로 전락하게"[159] 된다. "별세 신앙을 가지면 잃어도 웃고 소유해도 그것으로 기뻐하지 않는 인생의 확고한 가치관과 세계관이 생기고 성령의 능력으로 현세에서 별세로 살게"[160] 되는 것이다. '별세'되지 않은 설교자의 성경해석은 '미신'이요, '인격 없는 기복신앙'이다.

현재 한국교회 내부에서 가장 무서운 적은 '별세'되지 않은 채 성경을 자의적으로 해석하는 설교자들이다. '별세'되지 않은 목회자들이

159) 이중표, 별세의 목회(쿰란출판사, 1999), 5면.
160) 이중표, 별세의 목회(쿰란출판사, 1999), 29면.

진리의 말씀을 자신의 욕망의 '면도칼'로 찢어 화로 불에 넣어 태워버리는 악을, 지금도 이 땅에서 예사로 자행하고 있다. 그러므로 우리는 다음 말씀을 실로 두렵고 떨림으로 받아야 한다.

> 렘36:29 또 유다의 여호야김 왕에 대하여 이와 같이 말하기를 여호와의 말씀에 네가 이 두루마리를 불사르며 말하기를 네가 어찌하여 바벨론의 왕이 반드시 와서 이 땅을 멸하고 사람과 짐승을 이 땅에서 없어지게 하리라 하는 말을 이 두루마리에 기록하였느냐 하도다 30 그러므로 여호와께서 유다의 왕 여호야김에 대하여 이와 같이 말씀하시니라 그에게 다윗의 왕위에 앉을 자가 없게 될 것이요 그의 시체는 버림을 당하여 낮에는 더위, 밤에는 추위를 당하리라 31 또 내가 그와 그의 자손과 신하들을 그들의 죄악으로 말미암아 벌할 것이라 내가 일찍이 그들과 예루살렘 주민과 유다 사람에게 그 모든 재난을 내리리라 선포하였으나 그들이 듣지 아니하였느니라 32 이에 예레미야가 다른 두루마리를 가져다가 네리야의 아들 서기관 바룩에게 주매 그가 유다의 여호야김 왕이 불사른 책의 모든 말을 예레미야가 전하는 대로 기록하고 그 외에도 그 같은 말을 많이 더 하였더라

여호와께서는 예레미야에게 여호야김 왕이 불태운 두루마리 책의 내용을 다시 기록하라고 말씀하신다. 여호야김의 악행의 일들까지 포함시켜 더 많은 말씀들을 덧붙여 더 확고한 하나님의 의지가 담긴 책이 되게 하셨다.

우상숭배의 죄를 회개하고 내 마음의 우상들을 파괴하지 않으면, 이 시대의 교회와 신자들이 하나님의 심판을 받게 될 것은 명약관화한 사실이다. 겨울 궁전에서 바벨론을 통해 임할 재앙의 말씀을 찢어 버리고 두루마리 책을 불에 태워 일시적으로 추위를 피했던 여호야김 왕은 나중에 그 시신마저 버림받아 낮엔 더위를, 밤엔 추위를 피하지 못하는 비참한 최후를 맞는다. 우리가 회개하여 마음을 찢는

대신, 인간적인 욕망으로 하나님 말씀을 '찢고', 말씀을 거부하고 왜곡하고, 자기 우상숭배에 빠져 살아간다면, 이 땅에서는 세상의 쾌락과 행복과 성공으로 일시적으로는 따뜻함을 누릴지는 모르지만, 결국 불순종과 거역의 대가를 치르게 된다는 사실을 우리는 깨달아야 한다. 특별히 영적 지도자의 영적 무감각은 자신을 포함하여 수많은 사람들에게 심각한 재앙을 초래함을 기억해야 한다.

선교지에 나가서 선교활동을 하든, 목회현장에서 목회를 하든, 평신도로서 헌신적인 삶을 살아가든, 누구나 하나님의 일을 하는 사람들은 늘 사역 속에 파묻혀 산다. 정말 때로는 내가 사역을 하는 것인지, 사역이 나를 사용하고 있는지 혼란스러울 정도다. 이러한 상황에서 정확히 깨달아야 하는 사실은 목회자든, 직분자든, 평신도든, 자신의 사역 대상의 가장 중요하고 시급한 대상은, 선교지의 원주민이나 이제 막 교회에 나온 새 신자가 아니라, 바로 자기 자신임을 깨닫는 것이다. 자기 자신의 그 뿌리 깊고 집요한 교만과 지독한 이기심과 어리석은 불순종을 십자가에 못박는 작업이 가장 중요한 평생 사역 대상임을 깨닫는 사람만이, 자신의 나르시시즘을 매순간 발견하고 말씀의 검으로 자신을 죽이는 일을 할 수 있다. 그런 사람만이 하나님의 일을 온전하게 하고 있는 사람이다.[161]

마이클 호튼의 말을 빌리자면, 세속주의는 도덕적 혹은 정치적 세력이기 이전에 일종의 영적이며 지적인 체계이기 때문에, 세속주의와의 싸움은 정치력을 사용하는 '문화 전쟁'이 아니라, '논리 싸움', 일종의 논증의 싸움이 된다. 즉 기독 신자들은 우선적으로 그들 자신이 세속주의에 어떻게 굴복하고 있는지를 성찰해야 하여, 세상의 포로된 그들 자신의 생각을 그리스도의 포로가 되도록 바꿀 수 있어야

---

161) 전우택, 지옥에 간 '부자'의 정신심리 이해, 목회와 신학(1994. 10.), 85면.

한다.[162]

인지치료에서 통찰 인지metacognition는 인간 자신의 생각하기 thinking에 대해 다시 한 번 더 생각할 수 있는 능력, 즉 사고과정을 이해하고 통제할 수 있는 개념이다. 이 개념은 인지 치료의 핵심이다. 그러니까 통찰 인지란 일종의 메타적 사고로서, 생각의 생각이다. 생각을 생각하는 인지작업이다. 예를 들면, 소비 사회를 살아가면서 시뮬라시옹의 환상과 나르시시즘적 사고에 사로잡힌 자신의 생각과 욕망을 다시 생각하는 것, 자신의 세속화된 사고들을 성령의 조명 아래 하나님 말씀에 비추어 생각하는 것이다.

성경을 전체적으로 읽게 되면, 통독을 계속 하게 되면 자신의 생각을 하나님의 생각으로 통찰하는 인지 작용이 가능하게 된다. 성경을 전체적으로 읽으면서 통독하면 생각이 바뀌고 성경을 이해하는 눈이 넓어지고 깊어지게 된다. 성경의 전체 문맥과 근접 문맥을 무시한 설교문을 만들 수도 없게 되고, 그런 설교를 할 수도 없게 되고, 들을 수도 없게 된다.

속지 말아야 한다. 가짜 복음에 속지 말아야 한다. 가짜 복음을 전하는 자도 문제이지만, 가짜 복음에 미혹되는 평신도도 문제다. 성경을 통독하면서 성령의 인도하심 가운데 말씀의 칼에 의해 먼저 내가 수술받고 깨뜨려져야 한다. 자신의 잘못된 신앙에서 벗어나기 위해서는 무엇보다도 '자신의 상태'에 대해 정확한 깨달음이 있어야 한다. 하나님 앞에서 자신이 얼마나 작고 초라하고 타락한 모습인지를 깊이 깨달아야 한다.

정신의학에서 쓰는 용어 중에 '병식'insight이라는 용어가 있다. 그것은 환자 스스로가 자신이 병을 가지고 있다는 사실을 깨닫고 인정하

---

162) 마이클 호튼, 김재영옮김, 세상의 포로된 교회(부흥과 개혁사, 2006), 311면.

는 것을 말한다. 자신의 병을 인정하고 그 병을 치유받기를 원하는데서 치유는 시작된다. 인간이 만약 자기 자신이 치유되기를 원하지 않으면, 하나님도 그 사람을 치유할 수 없다. 이것은 치료과정에서 가장 중요한 단계이다. 왜냐하면 병식이 생기지 않은 환자는 비록 병원에서 치료를 받아 증상이 좋아졌다 할지라도, 퇴원하고 나면 약을 먹을 필요를 느끼지 않을 것이고, 그래서 결국은 다시 재발하여 악화되는 과정을 밟게 되기 때문이다. 자신이 근본적으로 환자라는 사실을 깨닫고 인정하는 것, 비록 현재에는 그 증상이 없는 듯이 보여도 여전히 자신은 환자라는 것을 겸손히 인정하는 마음, 바로 이것이 역설적으로 말해서 가장 건강한 환자의 마음이다.[163]

영화 〈연가시〉 끝 부분에 이르면, 연가시가 몸에 침투되어 있는 사람들을 치료할 수 있는 '윈다졸'이라는 특효약이 등장한다. 그 특효약을 얻기 위해서 사람들이 사투를 벌이는 장면들이 나온다. 그리고 계속되는 반전 끝에 그 약은 대량생산될 수 있게 되고, 사람들이 그 약을 먹음으로써 마침내 변종 연가시의 재앙은 끝나게 된다.

마찬가지로 한국교회 신자들 한 사람 한 사람이, 설교자 한 사람 한 사람이, 하나님 앞에서 자신의 더럽고 타락한 모습을 늘 느끼고 인정하고, 늘 성경 전체의 말씀 앞에서 자신의 병든 모습을 비추어보고, 말씀을 먹고 날마다 새롭게 되는 것, 그것이 바로 건강하고 가난한 영혼의 모습이다. 그런 설교자와 신자들이 모인 교회, 그리고 한국교회는 마침내 세속화를 극복하고 하나님의 거룩한 부흥을 이루어 나가게 될 것이다.

---

163) 전우택, 같은 글, 85면 참조.

여호야김 왕의 면도칼 우리 시대의 성경 해석과 욕망의 문제

초판 1쇄 2014년 07월 04일

지은이 박남훈
발행인 박남훈
책임편집 박보라
제작대행 도서출판 지식공감

발행처 도서출판 세컨리폼
등록번호 제 2014-000003호
주소 607-837 부산광역시 동래구 우장춘로 17번길 28(온천동)
전화 070-8865-3386
팩스 051-558-3309

가격 13,000원
ISBN 979-11-952540-0-2 03230

CIP제어번호 CIP2014019596
이 도서의 국립중앙도서관 출판시 도서목록(CIP)은 e-CIP 홈페이지(http://www.nl.go.kr/ecip)에서 이용하실 수 있습니다.